Konrad Lechner

Hochrhöner

Wandern durch die Kuppenrhön und die Lange Rhön

Esterbauer

Konrad Lechner
Hikeline®-Wanderführer Hochrhöner
© 2011, Verlag Esterbauer GmbH
A-3751 Rodingersdorf, Hauptstr. 31
Tel.: +43/2983/28982-0, Fax: -500
E-Mail: hikeline@esterbauer.com
www.esterbauer.com

1. Auflage, Sommer 2011
ISBN: 978-3-85000-559-3

Bitte geben Sie bei jeder Korrespondenz die Auflage und die ISBN an!

Erstellt in Kooperation mit der Redaktion der Zeitschrift Wandermagazin.

Umschlagbild: Konrad Lechner
Bildnachweis: Gregor Münch: S. 8, S. 9, S. 35, S. 36, S. 38, S. 71, S. 75, S. 77, S. 78, S. 79, S. 84, S. 92, S. 107, S. 111, S. 112, S. 114, S. 117; Konrad Lechner: S. 7, S. 10, S. 12, S. 13, S. 14, S. 15, S. 25, S. 28, S. 30, S. 35, S. 46, S. 49, S. 52, S. 54, S. 55, S. 56, S. 58, S. 59, S. 63, S. 64, S. 66, S. 68, S. 74, S. 76, S. 80, S. 81, S. 82, S. 84, S. 86, S. 88, S. 90, S. 91, S. 94, S. 97, S. 98, S. 100, S. 102, S. 104, S. 106, S. 109, S. 110, S. 118, S. 120, S. 122, S. 124, S. 125, S. 126; Tobias Sauer: S. 128, S. 128; Wolfgang Zangerl: S. 24, S. 26, S. 26, S. 34, S. 39, S. 42, S. 44, S. 47, S. 55, S. 60, S. 62, S. 64, S. 66, S. 70, S. 92, S. 94, S. 96, S. 120

Dank an alle, die uns bei der Erstellung dieses Buches tatkräftig unterstützt haben.
Das Hikeline-Team:
Heidi Authried, Beatrix Bauer, Markus Belz, Michael Bernhard, Michael Binder, Veronika Bock, Stefan Diringer, Sandra Eisner, Roland Esterbauer, Gabi Glasstetter, Dagmar Güldenpfennig, Carmen Hager, Tobias Klein, Martina Kreindl, Bettina Müllauer, Eveline Müllauer, Gregor Münch, Karin Neichsner, Niki Nowak, Julia Pelikan, Petra Riss, Christian Schlechte, Erik Schmidt, Mandy Schwalbe, Martina Specht, Matthias Thal, Martin Wischin, Wolfgang Zangerl.

Hikeline® ist ein eingetragenes Warenzeichen; Einband patentrechtlich geschützt. Alle Daten wurden gründlich recherchiert und überprüft. Erfahrungsgemäß kann es jedoch nach Drucklegung noch zu inhaltlichen und sachlichen Änderungen kommen. Alle Angaben ohne Gewähr. Alle Rechte vorbehalten. Kein Teil dieses Buches darf in irgendeiner Form ohne schriftliche Genehmigung des Verlages reproduziert oder unter Verwendung elektronischer Systeme verarbeitet, vervielfältigt oder verbreitet werden.
Kartografie erstellt mit *axpand* (www.axes-systems.com)

Dieser Wanderführer wird empfohlen von:

Wandermagazin
Rudolf-Diesel-Str. 14, D-53859 Niederkassel
☎ 0228/45951-43, Fax: 0228/45951-99
www.wandermagazin.de

Vorwort

Der Hochrhöner erfüllt fast maßgeschneidert die Wünsche von Wanderern an einen Wanderweg – auf den denkbar schönsten Wegen nimmt er die sehenswertesten Plätze der gesamten Rhön mit und ist zudem noch hervorragend ausgestattet. Jede der vier Jahreszeiten hat hier in besonderem Maße Ihren eigenen Reiz, und freies Durchatmen ist Ihnen immer garantiert!

Was den Hochrhöner besonders auszeichnet, ist sein hohes Maß an Abwechslung. Stets präsent sind die Aussichten besonderer Art – die vulkanisch entstandenen Gipfel sind meist unbewaldet und gestatten Ihnen Fern- und Rundblicke bis weit über die Grenzen der Rhön hinaus. Neben den charakteristischen breiten Hängen mit ihren weichen Wiesenmatten wandern Sie durch pittoreske Fluss- und Bachtäler und eindrucksvolle Moore, treffen auf reizvolle historische Stadtkerne und als spannende Besonderheit dieser Region zudem auf erhaltene Zeugnisse der innerdeutschen Grenze. Daneben lädt immer wieder Kultur am Wegesrand und nicht zuletzt in guter Regelmäßigkeit gemütliche Einkehr zum Verweilen ein.

Präzise Karten, genaue Streckenbeschreibungen, Stadt- und Ortspläne, Hinweise auf das kulturelle und touristische Angebot der Region und ein umfangreiches Übernachtungsverzeichnis – in diesem Buch finden Sie alles, was Sie zu einer Wanderung auf dem Hochrhöner brauchen – außer gutem Wetter, das können wir Ihnen nur wünschen.

Die GPS-Tracks zu diesem Buch erhalten Sie nach Registrierung im Internet unter:
www.esterbauer.com
Produktcode: 559-Hk87-WT54

Zeichenerklärung

* in Auswahl

··········	**Wanderweg auf Hartbelag** z. B.: befestigter Fußweg • ruhige Anliegerstraße
———	**Wanderweg** breiter oder gut begehbarer Weg z. B.: Wald- und Forstweg
– – – –	**Wandersteig, Pfad** schmaler Weg/Pfad • Wiesenweg
׀׀׀׀׀׀׀׀	**Klettersteig, Kletterstelle** • schwierige Stelle • Trittsicherheit erforderlich • Leiter
●●●●●●	**Verkehrsreicher Abschnitt** • Strecke auf oder direkt an Straße mit starker Verkehrsbelastung
(Variante)	**Variante, Alternativstrecke** z. B.: Ausflüge • Abkürzungen • Ein- oder Ausstiege • alternative Hauptroute
———	**Sonstige Wanderwege** • kreuzende Fernwanderwege • nachträglich, von uns nicht geprüfte Wege
ooooooooo	**Wanderweg geplant**
xxxxxxxx	**Wanderweg gesperrt**
	Tunnelstrecke, Unterführung
∞∞∞∞∞	**Fährverbindung**
🔵5	**Wegpunkt**
⚠	**Gefahrenstelle**
⚠?	**Text beachten**
🔺	**Treppe**
◉	**Etappenanfang, -ende**

𝑖	**Touristinformation**
🛏	**Hotel, Pension**
	Jugendherberge
🅰	**Campingplatz**
▲	**Zeltplatz**
	Gasthaus
	Einkaufsmöglichkeit
	Kiosk
Erlach	**sehenswerter Ort**
(𝑖▥🅰▲)	**Einrichtung im Ort vorhanden**
	sehenswerte Kirche, Kloster
	sehenswertes Schloss, Burg
	sehenswerte Ruine
✳	**sonstige Sehenswürdigkeit**
🏛	**Museum**
	Ausgrabungsstätte
	Tierpark
	Naturpark, -denkmal
	Aussichtspunkt
	Rastplatz
	Unterstand
	Schutzhütte
	Grillplatz
🅿	**Wanderparkplatz**
	Brunnen*
	Freibad
	Hallenbad
Ⓗ	**Bushaltestelle***

Maßstab 1 : 35.000

1 cm ≙ 350 m   1 km ≙ 2,9 cm

0 — 1 — 2 — 3 km

Symbol	Description	Symbol	Description
☦	Kirche		Wald
⛪	Kloster		Wiese, Weide
⚲	Kapelle		Fels
♖	Schloss, Burg		Nassfläche, Sumpf, Moor
♂	Ruine		Heide
♀	Turm		Weingarten
⚥	Funk-, Sendeanlage		Friedhof
⚡	Kraftwerk		Garten
⚡	Umspannwerk, Trafostation		Sand, Düne
🎐	Windmühle; -kraftanlage		Siedlungsfläche
✱	Wassermühle, Bergwerk		Öffentliche Gebäude
⚒	Bergwerk		Industriegebiet
†	Wegkreuz		See, Staudamm, Fluss
⌂	Höhle		Kanal
♀	Leuchtturm	A13	Autobahn
⬭	Sportplatz, Stadion	B12	Schnellverkehrsstraße
8	Denkmal	B236	Fernverkehrsstraße
✈	Flughafen		Hauptstraße
⚲	Quelle		Straße
⌇	Kläranlage		Nebenstraße
⛴	Schiffsanleger		Fahrweg
⌂	historischer Grenzstein, Römerstein		Pfad
⚱	Grabanlage, Hügelgrab		Eisenbahnlinie / Bahnhof
			Fähre
			Staatsgrenze / Grenzübergang
			Landesgrenze
			Kreisgrenze, Bezirksgrenze
			Naturparkgrenze
			Höhenlinie 100m / Höhenlinie 25m
			Damm
			Kilometerraster mit UTM-Koordinaten

Nur in Ortsplänen

P	Parkplatz
P	Parkhaus/Tiefgarage
✉	Post*
A	Apotheke*
H	Krankenhaus
F	Feuerwehr
U	Polizei
🎭	Theater*

Inhalt

- 3 Vorwort
- 4 Zeichenerklärung
- 7 Hochrhöner
- 21 Zu diesem Buch

Etappe 1 — 18,1 km
Von Bad Kissingen nach Premich

- 26 Bad Kissingen
- 34 Bad Kissingen – das Weltbad einst und jetzt

Etappe 2 — 17,9 km
Von Premich nach Oberweißenbrunn

- 47 Kloster Kreuzberg

Etappe 3 — 19,3 km
Oberweißenbrunn – Enzianhütte (Westroute Kuppenrhön)

- 49 Grenzlinien
- 50 Kulturlandschaft Rhön
- 58 Moore der Rhön: Das Rote Moor
- 59 Jedem seine Wasserkuppe

Etappe 4 — 19,8 km
Von der Enzianhütte nach Gotthards (Westroute Kuppenrhön)

- 70 Die Milseburg

Etappe 5 — 15,1 km
Von Gotthards nach Tann (Westroute Kuppenrhön)

- 73 Grenzlinien
- 78 Wissenswertes über Tann

Etappe 6 — 18,5 km
Von Tann zum Abzweig Dermbach (Westvariante Kuppenrhön)

Etappe 7 — 21,2 km
Von Oberweißenbrunn nach Birx (Ostroute Lange Rhön)

- 88 Grenzlinien
- 90 Kulturlandschaft Rhön
- 90 Gipfel im Umkreis
- 96 Moore der Rhön: Das Schwarze Moor

Etappe 8 — 14,4 km
Von Birx nach Kaltennordheim (Ostroute Lange Rhön)

- 100 Zur Rhöner Vogelwelt
- 104 Geologie am Wegesrand
- 106 Die Rhön: Landformung im Eiszeitalter
- 106 Das deutsche Sibirien

Etappe 9 — 20,2 km
Von Kaltennordheim nach Dermbach (Ostvariante Lange Rhön)

- 109 Botanik am Wegesrand
- 114 Geologie am Wegesrand

Etappe 10 — 11,1 km
Von Dermbach nach Bernshausen

- 118 Geologie am Wegesrand
- 118 NSG Ibengarten
- 118 Trockenrasen

Etappe 11 — 18,5 km
Von Bernshausen nach Bad Salzungen

- 130 Bad Salzungen
- 132 Übernachtungsverzeichnis
- 140 Ortsindex

Hochrhöner

Vorwort des Autors

In fernen Kindertagen entdeckte ich in einer Zeitschrift meines wesentlich älteren Bruders einen bebilderten Artikel über die Rhön. Die Überschrift lautete „Kennt Ihr die Berge in Deutschlands Herz". Mein Interesse für diese Landschaft war geweckt, allerdings kam ich erst während des Studiums auf einer mehrtägigen geologischen Exkursion in die Rhön. Es war zur Zeit der Sommersonnwende, als sich die Rhön in ihrer ganzen Schönheit zeigte. Blumenreiche Wiesen über einem Kranz von dunklen Wäldern, Berge mit weitem Blick und Sonnwendfeuer auf vielen Höhen beeindruckten mich sehr. Hinzu kam die brillante Führung des Geologen Professor Dr. Bruno von Freyberg, die uns zeigte, dass es hier nicht nur schön ist, sondern auch noch viel zu erforschen und zu erkunden gibt.

Nach dem Studium kam ich dann immer wieder in die Rhön. Auf botanischen und geologischen Exkursionen führte ich Wandergruppen, meistens mehrtägig, durch dieses Gebirge. Im Winter bestieg ich mit einem Freund auf Tourenskiern mehrfach den Kreuzberg, wobei wir wie in den Alpen für die Aufstiege noch Felle verwendeten. Gelegentlich fuhren wir auch mit den Liften, aber meistens suchten und fanden wir die Einsamkeit.

In Zusammenarbeit mit dem Erlanger Mineralogen Prof. Dr. W. M. Bausch wendete ich später mein Interesse hauptsächlich den vulkanischen Gesteinen zu. Diese Tätigkeit setzt sich bis in die Gegenwart fort. Dazu ging ich allein oft weite Wege, um die Fundstellen zu erreichen und zu beproben. In den letzten Jahren war ich auch für das WANDERMAGAZIN in der Rhön tätig. Hierbei beging ich bereits einen Teil des Hochrhöners. Für ein Sonderheft des Wandermagazins im Auftrag des Rhönklubs anlässlich des Deutschen Wandertages in Fulda

Der Autor

Blick auf Dermbach

schrieb ich einen Artikel über Geologie und Flora der Rhön und stellte einige Touren vor. Auf diese Weise hat sich die Sehnsucht in der Kindheit nach der Rhön für mich in reichem Maß erfüllt.

Aus all diesen Gründen nahm ich die Aufgabe, einen Führer zum Hochrhöner zu schreiben, gerne an und hoffe mit diesem Buch Interesse für die Rhön zu wecken und auf der Wanderung etwas von meiner Begeisterung für diese Landschaft weiter geben zu können. An dieser Stelle möchte ich mich bei Frau Christine Kolasch und Herrn Roland Frormann von der Rhön Tourismus & Service GmbH Landkreis Fulda sowie bei Herrn Thomas Lemke vom Naturpark Bayerische Rhön für Ihre Hilfen bei meinen Erkundungen und bei der Durchsicht des Manuskripts herzlich bedanken.

Dr. Konrad Lechner im Frühjahr 2011

Die Rhön

Landschaft und Klima

Die Rhön erstreckt sich etwa 90 Kilometer von Gemünden am Main im Süden bis Vacha an der Werra im Norden und in einer Breite von ca. 50 Kilometer von Fulda im Westen bis Meiningen im Osten. Die genannten Ausmaße werden nicht überall erreicht, sodass die Gesamtfläche nur etwa 3.300 Quadratkilometer beträgt.

Kernstück der Rhön ist die sogenannte Hohe oder Lange Rhön im Osten, die etwa bogenförmig verläuft. Dabei handelt es sich um eine überwiegend von Wiesen und Mooren bedeckte Hochfläche auf ungefähr 800 Metern Höhe. Sie besteht aus dunklen vulkanischen Gesteinen und wird vor allem an ihren Rändern von etwas höheren Kuppen überragt. Eine solche Kuppe ist z. B. die Wasserkuppe, mit 950 Metern die höchste Erhebung des Gebirges. Die Hohe Rhön ist weitgehend von einem Saum aus Muschelkalk umgeben.

Westlich und nordwestlich der Hochfläche befindet sich die sogenannte Kuppenrhön, die aus zahlreichen einzelnen Bergen besteht, deren Inneres meistens helles vulkanisches Gestein enthält.

Sowohl Kuppenrhön als auch Hohe Rhön sind von einer etwa 500 Meter hohen, stark bewaldeten Buntsandsteinfläche umschlossen.

Durch die Höhe, die ungeschützte Lage und die Waldarmut liegen die Mittelwerte der Temperaturen auf der Hohen Rhön etwa 3,5 bis 4 °C unter denen des Umlandes. Die Folge sind 135 bis 150 Frosttage und eine auch durch die höheren Niederschläge bedingte, bis 3 Monate anhaltende Schneedecke. Berücksichtigt man noch die zahlreichen Nebeltage, kann man bezüglich der umgebenden Landschaften durchaus von einer Kälteinsel sprechen.

Die Hohe Rhön ist ungeachtet dessen ein großartiges Wandergebiet. Die weiten unbewaldeten Flächen, die blumenreichen Bergwiesen, die oft gute Fernsicht, doch auch der Nebel über den Mooren und im Winter der Schnee schaffen Landschaftsbilder von großer Schönheit und erinnern häufig an alpine Verhältnisse. Man sollte es in der Tat einmal erlebt haben, hier über den von Nebel erfüllten Tälern auf sonnigen Höhen zu wandern und in die Ferne zu blicken. Spätestens dann erschließt sich die Rhön als das „Land der offenen Fernen".

Durch die hohen Niederschläge und die teils wasserundurchlässigen Böden gibt es zahlreiche Quellen und ausgedehnte Moore. In der Rhön entspringen die zur Weser orientierten Flüsse Fulda, Felda und Ulster sowie die zum Main und damit Rhein fließende Fränkische Saale und die Sinn.

Besonderheiten und Sehenswürdigkeiten

Neben der faszinierenden Landschaft, die in den Etappen auch bei den Hinweisen zu Geologie und Flora gewürdigt wird,

Freilichtmuseum Tann

gibt es im Bereich des Hochrhöners auch kulturkundliche und andere Sehenswürdigkeiten, wie zum Beispiel das weltberühmte Bad Kissingen, das romanische Grabmal des Minnesängers Otto von Bodenlauben und seiner Gattin Beatrix

Katzensteinfels mit Basaltsäulen

in Frauenroth, Kloster und Kirche auf dem Kreuzberg, das Deutsche Segelflugmuseum auf der Wasserkuppe. Ferner kommen Sie durch das Rhöner Museumsdorf in Tann, passieren Frankenheim als höchstgelegenes Dorf der Rhön und erreichen schließlich das Sole-Heilbad Bad Salzungen. Ein besonderer Bestandteil der Rhönlandschaft sind nicht zuletzt die Stätten des Glaubens und der Besinnung, dazu gehören der Kreuzweg bei Stralsbach, die Kirche in Oberweißenbrunn mit ihrer Barockausstattung in neuem Gebäude oder die St.-Gangolfs-Kapelle auf der Milseburg. Auch die zahlreichen Bildstöcke und Kreuze am Weg, oftmals mit Bank und schattenspendendem Baum, bieten Orte mit unaufdringlicher Aufforderung zum Rasten und Verweilen, wo sich der Reichtum des Augenblicks erleben lässt.

Zur Geologie der Rhön
Der Sockel der Rhön: Ablagerungen aus Sand und Kalk

Das Rhönvorland besteht aus Buntsandstein, einem Sandstein, dessen Quarzkörner von braun-roten Eisenverbindungen überzogen sind. Vor 250 Millionen Jahren befand sich in Mitteleuropa ein ausgedehntes Becken, das sog. Germanische Becken, in das von den umgebenden Gebirgen durch Wasser Sand eingeschwemmt wurde, der sich später zu Sandstein verfestigte. Die wenig fruchtbaren Böden über Buntsandstein eignen sie sich kaum für den Ackerbau, und der Wald blieb weitgehend erhalten.

In der folgenden Muschelkalkzeit sank der Boden des Beckens, und das Meer konnte vordringen. Bei subtropischem Klima kam es zur Kalkausscheidung, wobei die Schalen bestimmter Meerestiere einen beträchtlichen Anteil stellten. Das aus dem Kalk hervorge-

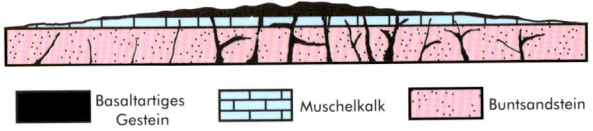

Abb. 1 Hohe Rhön: Schematischer Schnitt durch die Hohe Rhön ohne Berücksichtigung der Tertiärablagerungen, der Aufwölbung der Gesteinsschichten und der Schichtstörungen

gangene Muschelkalkgestein umgibt heute kranzförmig die hohen Berge der Rhön, da es dort durch die Härte der vulkanischen Gesteine vor Abtragung geschützt wurde. Über dem Muschelkalk kam es auch in der Tertiärzeit noch zu Ablagerungen.

Das Dach der Rhön: erschaffen durch Vulkanergüsse

In der Tertiärzeit vor ca. 25 bis 18 Millionen Jahren stieg in etwa 500 Spalten und Röhren Magma hinauf und drang in die vorhandenen Gesteine ein. Da die Schlote teilweise eng beisammen lagen, bildeten sich auch horizontale Lager, die sich zu Decken vereinigten. Die Ausbrüche erfolgten auf einer Landoberfläche aus Tertiär und Muschelkalk. Sowohl Tertiärablagerungen als auch Muschelkalk der näheren Umgebung der Rhön wurden durch die spätere Hebung und Abtragung weitgehend entfernt. Im Bereich der Vulkanausbrüche erfolgte die Abtragung bis in den Bereich der horizontalen Lager. Auf diese Weise entstanden die ausgedehnten vulkanischen Decken der heutigen Hohen Rhön mit Muschelkalk- und Tertiärresten an den Rändern.

Etwas ungenau werden die dunklen vulkanischen Gesteine der Hohen Rhön meistens als Basalt bezeichnet, der jedoch im engeren Sinn nur wenig beteiligt ist. In der Tat handelt es sich um mehrere dunkle, vulkanische Gesteine von unterschiedlicher Mineralzusammensetzung, die diese Decken bilden. Zur Vereinfachung wird jedoch auch hier der Begriff „Basalt" verwendet. Die Verteilung der dunklen vulkanischen Gesteine ist regellos. Die kegelförmigen, entfernt voneinander stehenden Berge der Kuppenrhön entstanden ebenfalls durch Hebung und Abtragung und sind Schlotfüllungen ehemaliger Vulkane, welche durch die Härte des vulkanischen Gesteins ihre heutige Form erhielten. Dabei handelt es sich meist um den hellen Phonolith, auch als

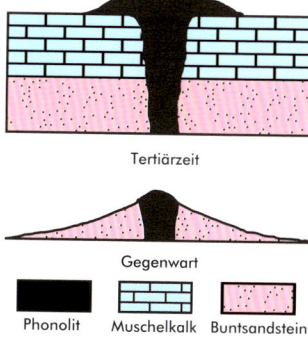

Abb. 2 Kuppenrhön: Schematischer Schnitt durch einen Phonolith-Vulkan (Tertiärzeit), ohne Tertiärablagerungen, und darunter den durch Abtragung daraus entstandenen Berg der Kuppenrhön (Gegenwart)

Klingstein bezeichnet, da das Gestein beim Anschlagen mit dem Hammer einen hellen Ton erzeugt.

Der Rhönvulkanismus gehört zu einem Vulkanbogen, der sich von der Eifel bis nach Schlesien erstreckt. Im Bereich der Rhön geht die Öffnung von Spalten vor allem auf eine Aufbeulung der Erdkruste zurück. Die Erforschung des Rhönvulkanismus begann durch den Würzburger Mineralogen Bücking, der um 1900 eine Sammlung von 5.000 Gesteinsproben zusammenstellte und 2.500 Dünnschliffe von Gesteinen anfertigte, um die darin enthaltenen Minerale mikroskopisch zu bestimmen und die Gesteine zu klassifizieren. Die seinerzeit von ihm erstellte geologische Karte der Rhön ist noch heute wertvoll.

Die Prozesse von Hebung und Abtragung begannen bereits im Tertiär und setzten sich im Eiszeitalter fort, in dem auch das heutige Flussnetz durch das Einschneiden der Gewässer entstand. Durch den Spaltenfrost bildeten sich Blöcke, aus denen sich an den Hängen Blockhalden entwickelten, wie z. B. am Kreuzberg, an der Milseburg und am Schafstein. Diese gehören zu den wertvollsten Geotopen in Deutschland.

Zur Flora der Rhön und ihres Vorlandes

Um 1920 schrieb der Botaniker Hans Scherzer „Wer die Rhön in ihrem farbigsten Pflanzenkleid kennen lernen will, muss zur Pfingstzeit kommen. Da rauschen die Wogen der Buchenwälder goldgrün auf, da sind die Waldestiefen noch erfüllt vom Blütenschmuck des Frühlings, da liegt leuchtendes Mattengrün auf den weit geschwungenen Hochwiesen". Diese erfüllten Worte haben bis heute nichts von ihrer Gültigkeit verloren.

Die Artenfülle der Rhön geht auf die vielen verschiedenen Biotope zurück, die relativ nahe beieinander liegen. Im Detail spielen hierbei viele Faktoren eine Rolle. Mit zunehmender Höhe sinkt die Temperatur, gleichzeitig nehmen Anzahl der Tage mit Schneedecke, Niederschläge und UV-Strahlung zu. Zudem bestimmen

Türkenbund-Lilie

Fliegen-Ragwurz

Richtung und Neigung der Hänge deren Erwärmung. Nährstoffarme, an Kieselsäure reiche Böden bilden sich über Sandstein, über Muschelkalk und basaltartigen Gesteinen hingegen sind die Böden nährstoffreich und basisch. Die Moore entstehen durch wasserstauende Böden in Senken der Hochrhön. Schließlich haben die durch Menschenhand geschaffenen Wiesen und Weiden der Hochrhön den Wald in den Bereich der steileren Hänge verdrängt und aus Sicht heutiger Wanderer prächtige Biotope geschaffen.

Die Auswahl der hier erwähnten Pflanzen erfolgte nach Schönheit, Auffälligkeit und landschaftsprägender Wirkung, nicht nach wissenschaftlichen Gesichtspunkten.

In den Buchenwäldern auf den sauren Böden über dem Buntsandstein blühen im Mai die allseits bekannten Maiglöckchen, die Große Sternmiere mit ihren weißen gespaltenen Blütenblättern und das Schattenblümchen mit kleinen weißen Blüten und zwei großen herzförmigen Blättern. Die Buchenwälder auf Muschelkalk schmücken ihren Waldboden bereits vor der Belaubung mit weißen, gelben und blauen Anemonen. Etwas später erscheint die Frühlingsplatterbse, deren Blüten zunächst rot sind, später blaugrün. Das Salomonssiegel hat röhrenförmige, weiße Blüten an einem kantigen Stängel. Etwas später findet man hier als besondere Rarität auch die Türkenbund-Lilie mit ihren großen roten Blütenblättern, die dunkle Flecken aufweisen und zurückgerollt sind. Die Bäume der Bergwälder sind neben der Buche auch Spitzahorn, Bergahorn, Esche und Ulme. Die Krautschicht trägt zusätzlich den über einen Meter hohen Platanenblättrigen Hahnenfuß mit weißen Blüten, die Zwiebeltragende Zahnwurz mit hellvioletten Blüten und Brutknöllchen in den Blat-

Großes Windröschen

tachseln sowie die auch auf den Bergwiesen häufige Ährige Teufelskralle mit einem ovalen, gelbweißen Blütenstand. Das violett blühende Silberblatt trägt elliptische Früchte, deren Scheidewand im Herbst silbrig glänzt. Das Christophskraut besitzt kleine weiße Blüten und im Herbst dunkle Früchte. Natürlich gibt es hier auch Orchideen. Man findet z. B. die Mückenhändel-

Schlangenknöterich

wurz mit ihrem auffallend langen Sporn, das Purpur-Knabenkraut mit seinen großen hellroten, punktierten Blüten, das Stattliche Knabenkraut mit dem nach oben gerichteten Sporn und das Weiße und Rote Waldvögelein. An den Wegrändern im Bereich der Gräben ist auch das Breitblättrige Knabenkraut nicht selten. Bienen- und Fliegen-Ragwurz zählen zu den größten Raritäten der Rhön. Die Ragwurzarten, allesamt geschützt und zu den botanischen Raritäten Europas gehörend, werden auch als Sexualtäuschblumen bezeichnet. Sie sind nektarlos und locken männliche Hautflügler an, da ihre Blüten Weibchen-Attrappen darstellen.

Charakteristischer und besonderer Schmuck der Rhön sind die ausgedehnten und artenreichen Bergwiesen, auf denen u. a. der Waldstorchschnabel mit seinen violetten Blüten und der Schlangenknöterich mit einem dichten rosa Blütenstand wachsen, vor dem ersten Schnitt der Bergwiesen die vorherrschenden Arten.

An steilen Hängen unterhalb der Felsen und auf trockenen Böden über dem Muschelkalk erstrecken sich kurzgrasige Flächen mit Wacholderbüschen, bekannt auch als Magerrasen. Hier blühen im Frühling die Küchenschelle mit ihren großen violetten Blüten, das weißblühende Große Windröschen und etwas später mehrere Orchideenarten. Im Sommer folgen die Arnika, die Prachtnelke mit zerteilten Blütenblättern und der gelbe Hufeisenklee. Im Herbst sind die Trockenrasen durch die Silberdistel, Wahrzeichen der Rhön, den Gefransten Enzian und die blaugelbblütige Kalkaster nochmals prächtig geschmückt.

Zu den großartigsten Landschaftsbildern der Rhön gehören die Moore in ihrer Einsamkeit und Weite, die aber auch oft durch Nebel verhüllt sind. In deren Bereich findet man die Torfmoose mit ihren etwas edelweißähnlichen Blattsternen, das Wollgras mit seinen leuchtend weißwolligen Fruchtständen, das rosa Heidekraut und die Moorbirke sowie deren Unterart die Karpatenbirke.

Zur Geschichte der Rhön

Bereits im Mittelalter gab es in der Rhön eine Straßenverbindung von der Wetterau nach Thüringen, die Antsanvia. Diese bestand über Jahrhunderte als Handelsweg und Heerstraße. In ihrem Bereich wurden Hügelgräber mit Waffen und Schmuck gefunden, woraus sich auf eine Besiedlung bereits zu dieser Zeit schließen lässt. Aus den letzten Jahrhunderten vor der Zeitenwende wurden keltische Fliehburgen nachgewiesen. Diese übernahmen die Germanen, nachdem sie die Kelten verdrängt hatten. Der römische Geschichtsschreiber Tacitus berichtet von einer Schlacht 58 n. Chr., bei der es um die salzhaltigen Quellen an der Fränkischen Saale ging.

Im 7. und 8. Jahrhundert begann dann die Christianisierung, in deren Rahmen das Kloster Fulda gegründet wurde. Gleichzeitig kamen die Franken und durch Karl den Großen auch Sachsen in die Rhön, worauf der Name Wüstensachsen hindeutet. Im 11. Jahrhundert war das Gebiet der Rhön weitgehend im Besitz des Bistums Würzburg, des Klosters Fulda und einiger Adliger. Unter diesen waren die Grafen von Henneberg besonders begütert, denen neben der Burg Bodenlauben bei Kissingen weitere Burgen gehörten. In der beginnenden Neuzeit erschütterten Reformation, Bauernkrieg und Gegenreformation das Land. Hinzu kam ein erbitterter Streit zwischen dem Bistum Würzburg und der Abtei Fulda, dazu noch der Dreißigjährige und später der Siebenjährige Krieg, unter denen die Bevölkerung zu leiden hatte und stellenweise auch ausgerottet wurde. Die rege Bautätigkeit der Fürstäbte von Fulda ab Ende des 17. Jahrhunderts, die in Fulda den Dom und eine Universität hervorbrachte, erfolgte nicht immer zur Freude der Bevölkerung. Die Fürstbischöfe von Würzburg errichteten in dieser Zeit auf dem Kreuzberg das Kloster und die Kirche.

Unterwegs am Hochrhöner

Während der Neuordnung Europas zu Beginn des 19. Jahrhunderts verloren das Bistum Würzburg und das noch junge Bistum Fulda ihre Territorien. Nach wechselnden Besitzverhältnissen in der folgenden Zeit gehört die Rhön heute zu den Bundesländern Bayern, Hessen und Thüringen, durch die auch der Hochrhöner führt.

Biosphärenreservat Rhön
1991 wurde die uralte Kulturlandschaft der Rhön von der UNESCO als Biosphärenreservat anerkannt. In diesem soll die Artenvielfalt erhalten bleiben, die weitere Entwicklung sich unter ökologischen, ökonomischen und sozialen Gesichtspunkten vollziehen. Außerdem erfolgen Fortbildung, Forschung, Kommunikation und Überwachung. Man unterscheidet Kernzonen, in denen der Naturschutz im Vordergrund steht, sowie Pflege und Entwicklungszonen. In der Pflegezone soll die charakteristische Kulturlandschaft mit ihren Wiesen, Weiden, Hecken und Steinwällen durch Pflegemaßnahmen erhalten bleiben. In der Entwicklungszone dominieren Landwirtschaft, Gewerbetriebe und Siedlungen unter dem Gesichtspunkt einer Nutzung ohne Zerstörung der Landschaft.

Streckencharakteristik

Länge, Höhenmeter und Etappen
Der Hochrhöner führt von Bad Kissingen an der Fränkischen Saale nach Bad Salzungen an der Werra, beide Orte sind mit der Bahn zu erreichen. Am Roten Moor gabelt sich die Route. Die Westroute führt über die Kuppenrhön, die Ostroute über die Lange Rhön. Bei Andenhausen vereinigen sich beide Strecken wieder. Die Route von Bad Kissingen nach Bad Salzungen über die Kuppenrhön hat eine Länge von 138 Kilometer, über die Lange Rhön sind es 119 Kilometer.

Die vorliegende Etappeneinteilung ermöglicht unter Berücksichtigung der Etappenorte, zwischen dem Roten Moor und Andenhausen entweder die West- oder die Ostvariante zu wandern. Die Westvariante „Kuppenrhön" verläuft dabei auf den Etappen 3 bis 6 (ab S. 48), die Etappen der Ostvariante „Lange Rhön" werden in den Etappen 7 bis 9 beschrieben(ab S. 87).

Wer eine der beiden Routen gegangen ist und nur die noch fehlende Strecke der anderen gehen möchte, erreicht vom Bahnhof

Gersfeld auf einem markierten Zubringer (s. S. 50) die Gabelung der beiden Routen beim Roten Moor. Am gleichen Tag kann man dann noch bis zum jeweiligen Etappenziel wandern. Die weitere Strecke bis Andenhausen lässt sich nach Belieben aufteilen. Ab Andenhausen gibt es nach derzeitigem Fahrplan werktags zweimal Busverbindung nach Bad Salzungen, zudem verkehrt ab Zella auch am Wochenende jeweils früh und mittags ein Bus (Linie 123) nach Bad Salzungen. In diesem Fall gehen Sie von Andenhausen auf dem Hochrhöner bis zum Hotel Katzenstein, verlassen am Parkplatz des Hotels den Hochrhöner und folgen der Wegweisung nach Zella.

Die hier beschriebenen Etappen sind für Wanderer mit durchschnittlicher Kondition an einem Tag, für gute Geher teils auch an einem halben zu begehen. Am Etappenende besteht jeweils die Möglichkeit zu übernachten. Durch Angabe zahlreicher weiterer Übernachtungsmöglichkeiten entlang der Strecke lässt sich die Etappenlänge individuell verändern. Der Hochrhöner enthält keine gefährlichen Stellen, Schwindelfreiheit ist nicht erforderlich. An manchen Stellen ist jedoch Trittsicherheit insbesondere bei Nässe notwendig.

Wegweisung

Der Hochrhöner ist in beide Richtungen mit dem orangefarbenen „Ö" und „Hochrhöner" markiert. Die Zusätze „Lange Rhön" (Ost) und „Kuppenrhön" (West) kennzeichnen die Varianten. Der vorliegende Führer beschreibt die Begehung von Süd nach Nord. Abseits des Weges gelegene Wanderparkplätze und Siedlungen mit Übernachtungsmöglichkeit sind über Zubringer an den Hochrhöner angebunden, die mit grünem „Ö", „Hochrhöner" und „Zubringer" gekennzeichnet sind. Die sog. Extratouren, 20 hervorragende Tages-Rundtouren und ebenfalls Premium-Wege, sind immer mit dem roten Anfangsbuchstaben des Tour-Namens gekennzeichnet, z. B. „M" für Moorweg.

Ausstattung und Wegequalität

Die Qualität des Hochrhöners wurde vom Deutschen Wanderinstitut geprüft. Der Weg entspricht den hohen Anforderungen, erhielt das deutsche Wandersiegel und darf die Bezeichnung Premiumweg führen. Bei einer solchen Beurteilung werden z. B. die landschaftliche Schönheit, Abwechslung, kulturelle Sehenswürdigkeiten, Aussichtspunkte, Rastplätze und Informationstafeln, ferner die Wegequalität und die Markierung berücksichtigt, um Wandern auf hohem Niveau zu gewährleisten.

Tourenplanung

Infostellen

Rhönklub Hauptvorstand, Peterstor 7, 36037 Fulda,
✆ 0661/73488, Fax: 0661/79794, hauptvorstand@rhoenklub.de
Rhön Info Zentrum, Wasserkuppe 1, 36129 Gersfeld,
✆ 06654/91834-0, Fax: 06654/91834-20, tourismus@rhoen.info
Tourist-Infozentrum Rhön „Haus der Schwarzen Berge", Rhönstr. 97, 97772 Wildflecken-Oberbach, ✆ 09749/9122-0, Fax: 09749/9122-34, infozentrum@rhoen.info
Rhönforum e. V., Marktpl. 29, 36419 Geisa, ✆ 036967/59482, Fax: 036967/69119, rhoenforum@rhoen.info

An- und Abreise mit der Bahn

Deutsche Bahn AG, www.bahn.de, **Reise-Service**, ✆ 0180/5996633 (€ 0,14/Minute aus dem Festnetz, Tarif bei Mobilfunk abweichend), Mo-So 0-24 Uhr, Auskünfte über Zugverbindungen, Fahrpreise im In- und Ausland, Buchung von Tickets und Reservierungen.
Automatische DB-Fahrplanauskunft ✆ 0800/1507090 (gebührenfrei aus dem Festnetz)

Aus dem Süden gelangen Sie mit der Bahn von Schweinfurt aus nach Bad Kissingen oder durchs Streu- und Werratal bis nach Bad Salzungen. Von Westen verkehrt vom ICE-Bahnhof Fulda aus die Rhönbahn nach Gersfeld, das durch einen markierten Zubringer mit dem Hochrhöner verbunden ist.

Von Bad Salzungen können Sie mit der Bahn abreisen. Von Andenhausen am oberen Treffpunkt der beiden Varianten gelangen Sie werktags mit den Bussen 112 und 109 über Dermbach nach Bad Salzungen.

An- und Abreise mit dem Auto

Aus dem Süden gelangen Sie über die A 70 und A 7 in die Rhön, aus dem Westen über die A 7 bei Fulda. Von Norden kommen Sie über die A 4 bei Eisenach nach Bad Salzungen, von Osten über die A 71 fast direkt nach Bad Kissingen.

Haben Sie Ihr Auto in Bad Kissingen abgestellt, kommen Sie von Bad Salzungen mit der Bahn über Grimmenthal und Ebenhausen wieder dorthin.

Mit dem Bus zur Bahn
Hochrhöner über Kuppenrhön (Westvariante)

Von einzelnen Orten an der Strecke des Hochrhöners können Sie mit dem Bus das Bahnnetz erreichen.

Bus 8142: von Premich nach Bad Neustadt und Bad Kissingen
Bus 8305: von Oberweißenbrunn nach Gersfeld und Bad Neustadt
Bus 26: von Abtsroda bzw. von der Wasserkuppe nach Fulda
Bus 20: von Schwarzbach bzw. von Tann nach Fulda
Bus 112: von Andenhausen nach Dermbach (dann Bus 109)
Bus 109: von Dermbach bzw. Bernshausen nach Bad Salzungen
Bus 21/23: ab Steens oder Elters nach Fulda

Lange Rhön (Ostvariante)

Bus 8305: von Frankenheim nach Gersfeld bzw. Bad Neustadt
Bus 411: von Kaltensundheim nach Meiningen
Nähere Auskunft über www.fahrplan-online.de

Wanderbus

Die Orte Meiningen (✆ 036945/58061), Gersfeld (✆ 06654/1780) und Hilders (✆ 06681/9608-15) lassen zu bestimmten Zeiten Wanderbusse verkehren, mit denen auch der Hochrhöner an verschiedenen Stellen erreicht werden kann. Dadurch lässt sich dieser auch auf kürzeren Abschnitten begehen.

Hochrhönbus, ✆ 09771/6262-0, Mai-Okt. Sa, So/Fei, verkehrt zwischen Gersfeld und Bad Neustadt und berührt mehrere Orte am Hochrhöner

RhönRadBus, Mai-Anfang Okt. So/Fei, verkehrt von Fulda nach Gersfeld und fährt dabei u. a. Milseburg und Wasserkuppe an, www.rhoenradbus.de

Von Gersfeld lässt sich telefonisch der **Wanderbus** bestellen, der täglich Bring- und Abholtermine bietet und u. a. die Wasserkuppe und das Rote Moor anfährt. Telefonische Voranmeldung ist spätestens am Vortag unter ✆ 06654/1780 erforderlich. Der Bus fährt schon ab 1 Person.

In Notfällen können Sie aus Poppenhausen unter ✆ 06658/375 oder aus Gersfeld unter ✆ 06654/440 ein Taxi rufen, wahlweise auch aus Fulda unter ✆ 0661/77752.

Übernachtung

In der Tourenbeschreibung sind die meisten Orte bzw. Häuser an der Route aufgeführt, wo sich einkehren bzw. übernachten lässt. Im Ortsverzeichnis am Ende des Buches finden Sie diese Häuser mit ihren Telefonnummern. Daneben enthält das Verzeichnis auch Übernachtungsorte, die nicht direkt an der Route liegen, jedoch für eine individuelle Routenplanung von Belang sein können. Viele der etwas abseits gelegenen Häuser bieten nach telefonischer Rückfrage einen Hol- und Bringservice zur Route an.

Wanderzeit

Die günstigste Wanderzeit ist zwischen Ende April und Anfang Oktober. Um eine oder zwei Etappen auf dem Hochrhöner zu gehen, muss die Rhön nicht völlig schneefrei sein. Leicht schneebedeckte Höhen über bereits frühlingshaften Niederungen ergeben besonders reizvolle Landschaftsbilder. Auch die Etappe von Bad Kissingen nach Premich ist bereits im April zu empfehlen. Der Hochsommer kann als besonders günstige Zeit bezeichnet werden, da über die Rhön meist ein angenehm frischer Wind weht. Im Herbst sind oft die ersten Novembertage auf den Höhen noch schneefrei und sonnig, während sich in den Niederungen der Nebel an manchen Tagen nicht mehr auflöst. Bei Schneehöhen ab 25 Zentimeter ist das Schneeschuhwandern durchaus eine Alternative. Allerdings sollte die Etappenlänge entsprechend verkürzt und das Ziel vor Sonnenuntergang erreicht werden, da dann die Temperatur an klaren Tagen sehr schnell sinkt. Zudem muss die Ausrüstung diesem anspruchsvolleren Outdoor-Vergnügen entsprechen, das eigentlich jeder betreiben kann, der regelmäßig wandert. Dazu gehört neben ausreichend warmer Kleidung auch eine Thermoskanne mit einem heißem Getränk.

Wanderreiseveranstalter und Gepäcktransport

Wandern ohne Gepäck gibt es beim **Rhön Info Zentrum**, Wasserkuppe 1, 36129 Gersfeld, ✆ 06654/91834-0, Fax: 06654/91834-20, tourismus@rhoen.info ✉

Zu diesem Buch

Dieser **Hikeline-Wanderführer** enthält alle Informationen, die Sie für Ihre Wanderung benötigen: exakte Karten, eine detaillierte Wegbeschreibung und die wichtigsten Informationen zu touristischen Attraktionen und Sehenswürdigkeiten.

Und das alles mit der **Hikeline-Garantie**: Die Routen in unseren Büchern sind professionell vor Ort geprüft worden. Um höchste Aktualität zu gewährleisten, nehmen wir nach der Erhebung Korrekturen von Lesern bzw. offiziellen Stellen bis Redaktionsschluss entgegen, die dann jedoch teilweise nicht mehr an Ort und Stelle verifiziert werden können.

Papier

Alle unsere Wanderführer werden auf hochwertigem Synthetikpapier gedruckt, welches nicht nur reißfest und besonders leicht, sondern auch komplett wasserfest ist. Dadurch lassen sich die Bücher bequem in der Jackentasche tragen und auch bei Regen problemlos verwenden. Wenn das Buch stark durchnässt wurde, lassen Sie es einfach mit aufgefächerten Seiten trocknen.

Konzept

Am Beginn jeder Etappe finden Sie folgende Daten der **Hauptroute** zusammengefasst: Start- und Zielort, die Länge, die zu bewältigenden Höhenmeter im Auf- und Abstieg, die durchschnittliche Wegzeit in normalem Gehtempo, ein Höhenprofil und die Anteile an Asphalt, Wanderwegen und -pfaden. Zusätzlich finden Sie dort auch eine kurze Charakteristik der Etappe.

Die Längen der möglichen Ein- und Ausstiege beim Etappenbeginn bzw. -ende werden im Text separat beschrieben.

Karten

Eine Übersicht über die geografische Lage des Hochrhöners gibt Ihnen die Übersichtskarte auf der vorderen inneren Umschlagseite. Die Detailkarten sind im Maßstab 1:35.000 erstellt. Dies bedeutet, dass 1 Zentimeter auf der Karte einer Strecke von 350 Metern in der Natur entspricht. Zusätzlich zum genauen Routenverlauf informieren die Karten auch über die Beschaffenheit des Bodenbelags bzw. über die Art des Weges sowie über kulturelle und gastronomische Einrichtungen entlang der Strecke. Die Höhenlinien haben einen Abstand von 25 Metern.

Allerdings können selbst die genauesten Karten den Blick auf die Wegbeschreibung nicht ersetzen. Stellen mit schwieriger Wegfindung werden in der Karte ggf. mit dem Symbol ⚠ gekennzeichnet, im Text finden Sie das gleiche Zeichen zur Markierung der betreffenden Stelle wieder, manchmal ergänzt durch ein Foto.

Die beschriebene Haupttour wird immer in Blau, Varianten oder Abstecher in Grün dargestellt. Die genaue Bedeutung der einzelnen Symbole wird in der Zeichenerklärung auf den Seiten 4 und 5 erläutert.

Textteil

Der Textteil besteht im Wesentlichen aus der genauen Routenbeschreibung. Manche besonders markante oder wichtige Punkte auf der Strecke sind als Wegpunkte **1**, **2**, **3**, ... durchnummeriert und – zur besseren Orientierung – mit dem selben Symbol in den Karten und im Höhenprofil wieder zu finden. Bei Varianten wird das selbe System angewendet, allerdings mit Großbuchstaben **A**, **B**, **C**,...

Die Kilometerangaben, im Text hochgestellt, zeigen Ihnen die schon zurückgelegte Strecke seit dem Etappetnstart an, sie sind auf hundert Meter gerundet.

Ferner sind alle wichtigen **Orte** zur besseren Orientierung aus dem Text hervorgehoben. Die Symbole Ortsanfang 🚩 und Ortsende 🚩 kennzeichnen ein größeres, geschlossenes Siedlungsgebiet. Gibt es interessante Sehenswürdigkeiten in einem Ort, so finden Sie unter dem Ortsbalken die jeweiligen Adressen, Telefonnummern und Öffnungszeiten.

Die Beschreibung der einzelnen Orte sowie historisch, kulturell oder naturkundlich interessanter Gegebenheiten entlang der Route tragen zu einem abgerundeten Reiseerlebnis bei. Diese Textblöcke sind kursiv gesetzt und unterscheiden sich dadurch auch optisch von der Streckenbeschreibung.

Absätze in grüner Farbe behandeln Varianten und Ausflüge.

TIPP Textabschnitte in Blau heben Stellen hervor, an denen Sie auf den weiteren Wegeverlauf und auf mögliche Varianten hingewiesen werden. Sie geben auch Empfehlungen und Erläuterungen zu Sehenswürdigkeiten oder Freizeitaktivitäten etwas abseits der Route.

Übernachtungsverzeichnis

Im Informationsteil zu Beginn des Buches unter Wanderreiseveranstalter bzw. im Übernachtungsverzeichnis auf den letzten Seiten finden Sie auch das Zeichen ⬛. Dies bedeutet, dass ein Reiseveranstalter oder ein Beherbergungsbetrieb einen Gepäcktransfer anbietet.

Auf den letzten Seiten dieses Wanderführers finden Sie zu fast allen Orten entlang der Strecke eine Vielzahl von Übernachtungsmöglichkeiten vom einfachen Zeltplatz bis zum 5-Sterne-Hotel.

GPS-Navigation

GPS (Global Positioning System) erlaubt eine präzise Positionsbestimmung mittels Navigationssatelliten und einem Empfangsgerät, dem GPS-Empfänger. Die Navigation basiert auf dem UTM-System (Universal Transversal Mercatorprojection). Das UTM-Gitternetz unterteilt die Erde in 60 Zonen von je 6 Grad Breite. Die Positionsangabe setzt sich aus dem „East"- oder Rechtswert und dem „North"- oder Hochwert zusammen. Der „East"- Wert (E) gibt den Abstand zum jeweiligen Bezugsmeridian in Kilometern plus 500 Kilometer zur Vermeidung negativer Zahlen an. Der „North"- Wert (N) gibt den Abstand zum Äquator in Kilometern an.

GPS-Navigation in der Karte

Das Gebiet dieser Karten liegt in der Zone 32 und hat den Bezugsmeridian 9 Grad Ost. Um zu navigieren ist der GPS-Empfänger auf WGS 84 (World Geodetic System 1984) und UTM-Projektion einzustellen. Die Koordinaten (East und North) sind in der Karte in Kilometern, auf dem GPS-Empfänger in Metern angegeben. Für die GPS-Navigation ist auf den Karten ein grau gepunktetes Gitter mit einer Maschenweite von 1 Kilometer vorhanden. Da einige Karteninhalte hervorgehoben oder generalisiert dargestellt werden, ist eine absolute Lagegenauigkeit nicht immer garantiert.

Etappe 1 — 18,1 km
Von Bad Kissingen nach Premich

Start: **Bad Kissingen**
Ziel: **Premich**
Gehzeit: **5 Std.**   *Aufstieg:* **422 m**   *Abstieg:* **352 m**
Hartbelag: **19 %**   *Wanderwege:* **80 %**   *Wanderpfade:* **1 %**

Durch die Vorrhön

Bad Kissingen bildet einen idealen Ausgangspunkt für den Hochrhöner, finden sich doch hier neben der guten Verkehrs-Anbindung eine leistungsfähige Gastronomie, zahlreiche Freizeiteinrichtungen und ein außerordentlich bequemer und abwechslungsreicher Einstieg in den Fernwanderweg. Mit geringen Steigungen geht es zunächst in die Vorrhön, vorüber an einem Baumlehrpfad und einem Tierpark. Der Stationenweg von Stralsbach und dessen hoch über dem Ort gelegene Kirche sind eine Einstimmung ins geistliche Leben der Rhöner. Höhepunkt der ersten Etappe ist schließlich die Kirche des ehemaligen Zisterzienserinnenklosters in Frauenroth mit einem etwa 800 Jahre alten Grabmal von großer Ausdruckskraft. Anschließend umgeben den Wanderer einsame Wälder und stimmen auf das bevorstehende Naturerlebnis ein.

Bei der Saline Kissingen

Bad Kissingen

1 **0,0** Beginnen Sie Ihre Wanderung auf dem Hochrhöner, indem Sie vom Ausgang des Bahnhofes Bad Kissingen über die linken Treppen hinabsteigen und die Straße überqueren ~ durch eine Grünanlage und nochmals über Treppen abwärts ~ rechts durch das **Wanderportal** des Hochrhöners, im Frühling vorbei an vielen Schlüsselblumen, zur **Kurhausstraße** und dort rechts ~ nach knapp 100 m links durch eine Gasse zur Fränkischen Saale und dort rechts auf die **Lindesmühl-Promenade** und unter einem Steg hindurch ~ vorbei an Kureinrichtungen.

Hochrhöner-Portal

❋ **Wandelhalle** (1911). Die große Wandelhalle wurde durch den Architekten Littmann erbaut. Hier entspringen die berühmtesten Kissinger Quellen Rakoczy und Pandur, die in der integrierten Brunnenhalle ausgeschenkt werden. Dahinter befindet sich der Kurgarten mit einem Denkmal für König Ludwig I. Es schließt sich der später ebenfalls von Littman errichtete Regentenbau mit Festsaal und Lesezimmer an.

2 **1,0** Nach Querung der **Ludwig-Straße** passieren Sie den **Rosengarten**.

🅰 **Rosengarten**. Hier blühen im Sommer etwa 12.000 Rosenstöcke. Außerdem gibt es einen nachts beleuchteten Fächerspringbrunnen und Denkmäler für den Barockbaumeister Balthasar Neumann, der zusammen mit dem Apotheker G. A. Boxberger den Räkoczybrunnen neu entdeckte.

Weiter entlang der Fränkischen Saale, erneut unter einem Steg hindurch ~ dann auf der **Salinenpromenade** vorbei an einer Bootsanlegestelle ~ nach dem **Bismarck-Denkmal** erreichen

Ortsinformationen
Bad Kissingen

Bad Kissingen

PLZ: 97688; Vorwahl: 0971

- **Tourist-Information**, Am Kurgarten 1, ✆ 8048-211
- **Tourist-Information**, Altes Rathaus, Marktpl. 2, ✆ 8048-250
- **Bismarck-Museum**, Obere Saline 20, ✆ 807-1230, ÖZ: Mi-So 14-17 Uhr. Original eingerichtete Räume zeigen, wie der Fürst während seiner Kuraufenthalte lebte.
- **Museum Obere Saline**, Obere Saline 20, ✆ 807-1230, ÖZ: Mi-So 14-17 Uhr. In der Ausstellung wird die Stadtentwicklung aufgezeigt, ebenso die Salzerzeugung.
- Die **Herz Jesu Stadtpfarrkirche** (1884) wurde im neugotischen Stil aus weißem Sandstein erreichtet.
- **St.-Jakobus-Kirche** (1755-1779) in der Altstadt. Mit Innenausstattung in den Stilen vom späten Rokoko und Klassizismus.
- Die **russ.-orth. Kirche** (1897) wurde angesichts der wachsenden Zahl russischer Kurgäste erbaut.
- **Kurtheater** (1905), gestaltet nach dem Vorbild eines höfischen Rangtheaters und mit Jugendstil-Ornamenten an den Wänden und Deckengemälde fast im Originalzustand erhalten.
- **Marienkapelle** mit sehenswerter Pietà (1420) im Hochaltar.
- Die **Obere Saline** (1764-1772) im spätbarocken Stil diente als Verwaltungsbau für die Salzproduktionsstätte in Bad Kissingen. Gleichzeitig richtete sich der damalige Würzburger Fürstbischof F. A. v. Seisheim eine Kurresidenz mit Festsaal ein. Hier logierten viele berühmte Gäste, darunter auch Fürst Otto von Bismarck. Heute beherbergt das Haus das Museum Obere Saline und das Bismarck-Museum.
- Der **Regentenbau** (1913) gilt als das prachtvollste Gebäude in der Stadt und wurde im Auftrag von Prinzregent Luitpold von Bayern gebaut.
- Das **Alte Rathaus** (1577), ein Renaissancebau, beherbergt heute die Tourist-Information.
- Das **Neue Rathaus** (1707-1710) wurde nach Plänen des Architekten Johann Dientzenhofer gebaut, der u. a. auch den Fuldaer Dom entworfen hat.

Bad Kissingen

- ✺ Das **Luitpold-Bad** (1871) wurde gebaut, um den Kurgästen angemessene Badekabinen zu bieten, das **Casino** (1880) kam wenig später hinzu.
- ✺ Die **Postkutschenlinie** von Bad Kissingen nach Bad Bocklet über Schloss Aschach ist seit 1950 ununterbrochen im Einsatz und die letzte Postkutschenlinie in Deutschland. Auskunft und Anm. über das Hauptpostamt, ✆ 7157452 od. Tourist-Information, ✆ 8048411
- ✺ **KissSalis-Therme**, Heiligenfelder Allee 16, ✆ 826600. Die Heilbadelandschaft ist eines der größten Wellnessbäder Europas. Das Wasser der Therme kommt aus dem Schönbornsprudel.

Das Weltbad Bad Kissingen hat eine lange Tradition. Bereits 823 sind die ersten Salzquellen in der Umgebung bekannt. 1520 wird der erste Kurgast nachgewiesen, aber zur eleganten Kurstadt entwickelt sich Bad Kissingen erst im 19. Jahrhundert. Der europäische Hochadel und die geistige Elite kurte hier, darunter Kaiserin Elisabeth von Österreich (Sissi), Zar Alexander II., König Ludwig II. von Bayern, Fürst Otto von Bismarck, Franz von Lenbach, Adolph Menzel, Theodor Fontane und Graf Leo Tolstoi. Die Stadt ist nach Umfragen auch heute noch beliebter und bekanntester Kurort Deutschlands.

Sie den **Gradierbau** der Saline.

Saline Kissingen

✹ Der auch als **Saline** bezeichnete Gradierbau ist 200 m lang und wird im Sommer als Freiluftinhalatorium genutzt. Dazu wird das salzhaltige Wasser über Reisigwände hinab geleitet. Durch Zerstäuben bilden sich feinste salzhaltige Wassertröpfchen, sodass die Luft ähnlich der am Meer ist.

Kuranlagen, Bad Kissingen

❸ **3,1** Überqueren Sie die Fränkische Saale auf dem **Salinensteg** ∿ über die Talwiesen zur Straße **In der Au** beim Café Salinenblick.

🍴 **Salinenblick**, ✆ 0971/7854980, ÖZ: tägl. 10-24, Uhr, Fr, Sa bis 1 Uhr, So ab 9 Uhr

Gehen Sie über die Straße und im Wald rechts weiter ∿ anschließend führt der Weg etwas abwärts, über die Straße St 2792 und wieder parallel zur Straße In der Au ∿ am **Altenburger Haus** nach links, über den **Kaskadentalbach** und dessen Ufer folgend im Tal aufwärts ∿ vorbei an einem Zubringer von Aschach und Bad Bocklet.

Kaskadental

Das romantische Kaskadental veranlasste 1767 den Würzburger Fürstbischof Friedrich von Seinsheim, den Bach zu kleinen Teichen aufzustauen, um Wasserfälle zu erzeugen. Zudem ließ er Statuen aufstellen. Dadurch wurde das Tal zu einem Treffpunkt der Kurgäste. Zu Beginn des 19. Jahrhunderts verfielen die Anlagen, wodurch sich das Kaskadental heute wieder in einem naturnäheren Zustand befindet.

❹ **4,6** Queren Sie an einer Biegung des Baches auf die andere Seite und gehen weiter aufwärts ∿ der Weg führt mit Informationen zu den Bäumen durch schöne Buchenwälder ∿ nach der **Luitpoldeiche** erreicht man den Waldrand mit einem **Rastplatz**.

ℹ️ Die **Luitpoldeiche** erinnert an den 90. Geburtstag des Kronprinzen Ludwig von Bayern.

❺ **6,3** Gehen Sie am Rastplatz links in Richtung Straße und vor dieser rechts hoch, vorbei am **Forsthaus Klaushof**.

Wildpark Klaushof

🍴 **Forsthaus Klaushof**, Alte Brückenauer Straße, ✆ 0971/6993747, ÖZ: Mi-Mo ab 10 Uhr, Sa, So ab 9 Uhr. Mit hauseigener Konditorei.

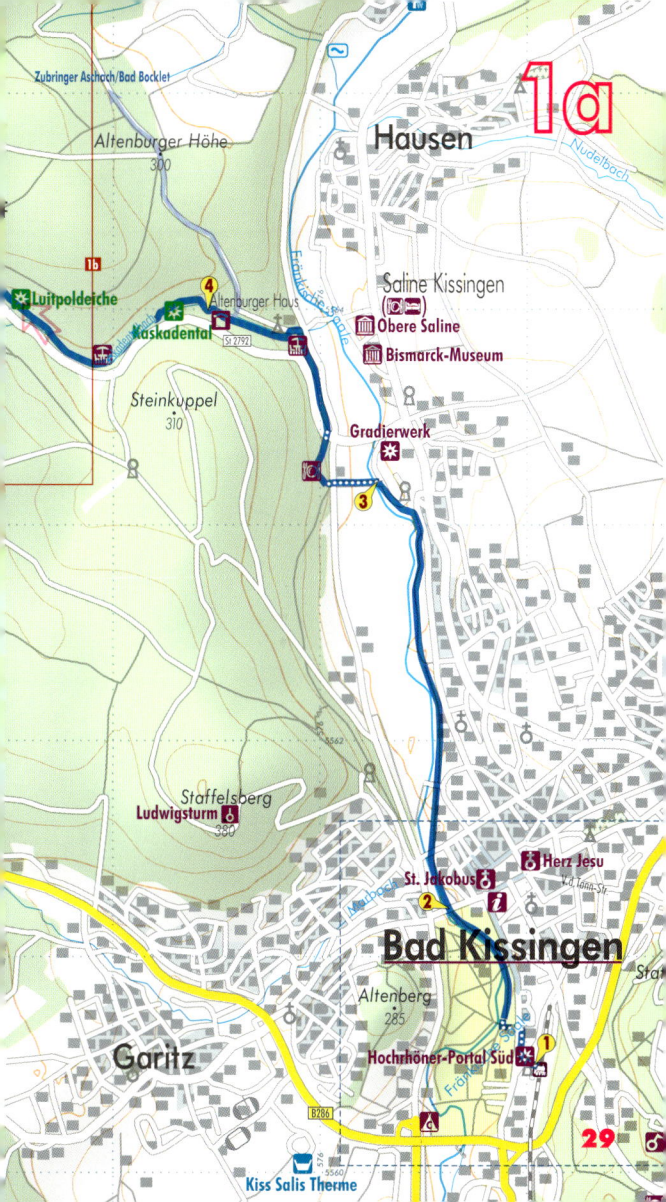

Frauenroth

🟢 **Wildpark** (1972), ganzjährig geöffnet. Mit Streichelzoo mit Rhönschafen, Ziegen und Eseln, Lehrpfad „Pfad der Baumgiganten" und drei Spielplätze.

Der ganzjährig geöffnete Wildpark direkt am Hochrhöner wird jährlich von vielen Besuchern genutzt. Hier gibt es 46 verschiedene Tierarten, z. T. in größerer Anzahl. Es handelt sich weitgehend um einheimische Arten wie z. B. Wildschweine, Damhirsche, Biber und verschiedene Vögel. Letztere sind auch durch exotische Arten vertreten. In einem großen naturnahen Gehege werden sogar Luchse gehalten.

Hinter Klaushof führt die Route wieder in den Wald ∿ über einen breiten Weg ∿ an der T-Kreuzung auf den nächsten breiten Weg nach rechts, an der Gabelung gleich wieder links in den schmaleren Weg ∿ bis zur Wegkreuzung am **Forsthaus Hermannsruhe**, von der Sie bereits Aussicht auf Stralsbach und die Schwarzen Berge haben.

6 **7,8** An der Kreuzung beim Forsthaus halbrechts in den Waldweg und durch den Wald ∿ später rechts abbiegen, dann gleich links halten und über einen breiten Weg ∿ im sanften Linksbogen und nochmals über den breiten Weg ∿ an der Lichtung dem Saum des Waldes folgend zur **Kapelle** am Waldrand.

7 **9,3** Bei der Kapelle haben Sie die Wahl zwischen dem steilen Abstieg auf dem Kreuzweg und links einem etwas sanfteren Abstieg, beide sind jeweils 250 m lang und vereinigen sich wieder bei der Kapelle am unteren Waldrand bei Stralsbach ∿ weiter auf dem **Silberdistelweg**, dann über den Stralsbach zur **Von-Henneberg-Straße** und auf dieser rechts durch den Ort.

Stralsbach

🛏 **Zum weißen Rössl**, Von-Henneberg-Str. 15, ✆ 09734/201

⛪ Kirche **St. Oswald** (1801) mit schönem Rokokoaltar von 1760

Auf Höhe der Kirche rechts in die Straße **Zum Wiesengrund** und aus dem Ort ∿ auf einem Weg

Aschach

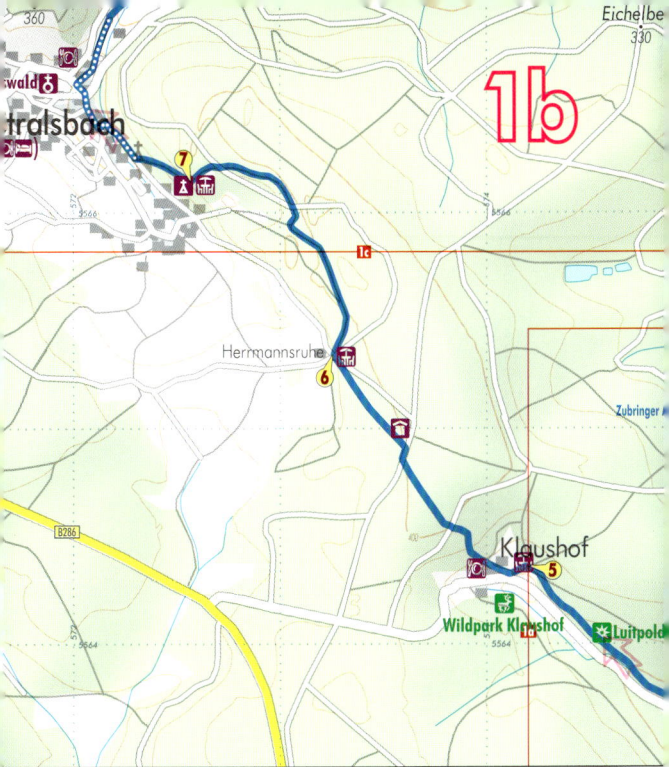

entlang des Stralsbaches zur St 2430 im Tal der Aschach.

8 11,1 Über die Landstraße und vorbei an der **Borstmühle**, dann über die Aschach und wieder aufwärts ~ an der Weggabelung links mit Aussicht zum Kreuzberg ~ an der Weggabelung vor Frauenroth links und auf der Straße **An der Klostermauer** zur renovierten Kirche des ehemaligen Zisterzienserinnenklosters.

Frauenroth

8 Zisterzienserinnenkloster (1231-34)

Hier wurde durch den Minnesänger Graf Otto von Bodenlauben und seine Gattin Beatrix von Courtenay, welche aus hohem französisch-morgenländischem Geschlecht stammt, ein Zisterzienserinnenkloster errichtet. Es war nie von großer Bedeutung und wurde nach den Beschädigungen im Bauernkrieg am Ende des 16. Jhs. auf-

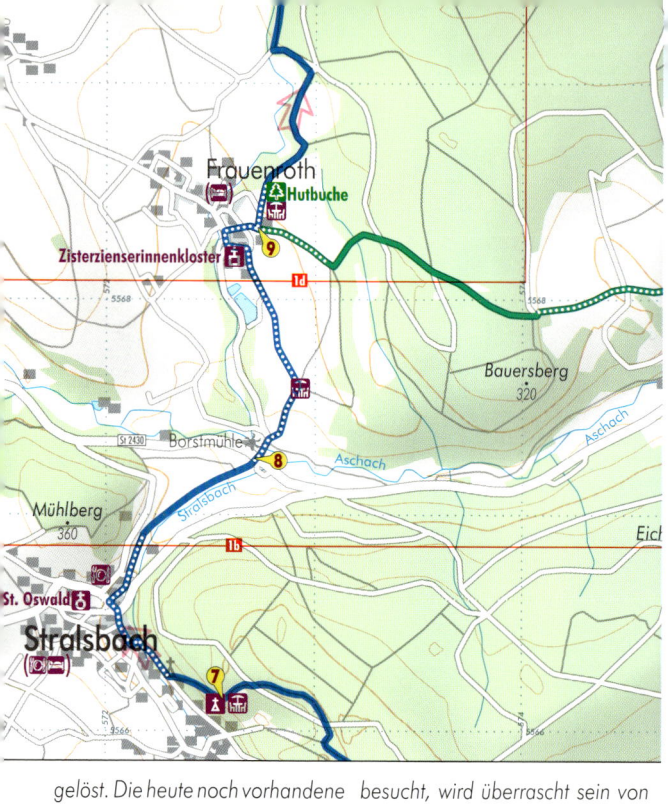

gelöst. Die heute noch vorhandene Kirche stammt aus der Gründungszeit, wurde aber im 17. und 18. Jh. verändert und in den letzten Jahren renoviert. Heute ist das einst dreischiffige Gotteshaus einschiffig. Innen befindet sich ein bedeutendes mittelalterliches Kunstwerk: das Grabmal des Stifterehepaares aus dem Jahre 1245. Wer heute dieses fast 800 Jahre alte, abgeschieden in der Vorrhön gelegene Grabmal besucht, wird überrascht sein von der ergreifenden Lebendigkeit der Gesichtsausdrücke.

Derzeit wird die Kirche aufwändig renoviert und ist deswegen auf längere Zeit nicht zu besichtigen.

Nördlich der Kirche geht die rund um die Kirche führende Straße **An der Klostermauer** wieder aufwärts ~ kurz weiter auf der Straße **Zum Ruhbrunnen** bis zu einer Weggabelung, wo ein

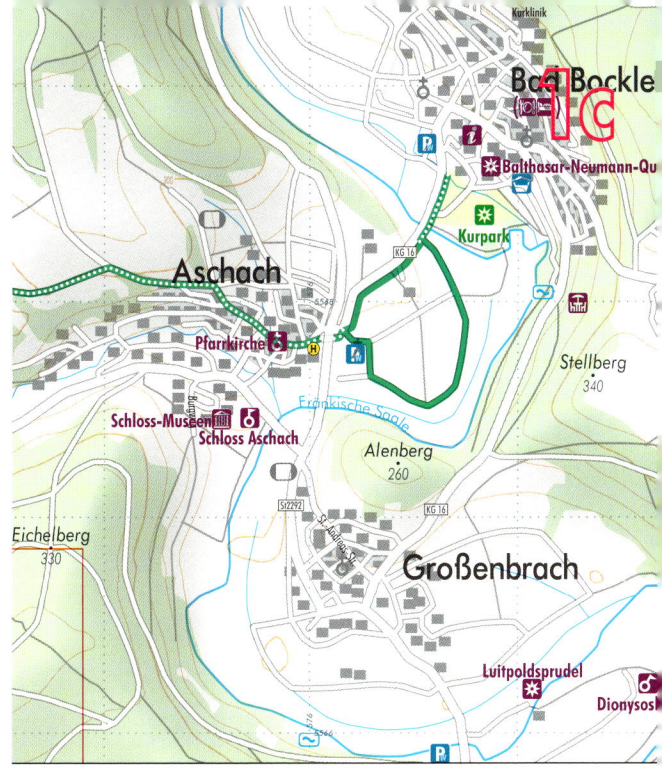

Zubringer von Aschach und Bad Bocklet einmündet.

AUSFLUG Haben Sie Lust auf einen Abstecher, folgen Sie dem Zubringer vorbei am Bauersberg bis nach Aschach und von dort entlang der Straße oder nahe der Fränkischen Saale nach Bad Bocklet. Bis dorthin sind es 4,7 km.

Aschach
PLZ: 97708; Vorwahl: 09708

◙ **Kaffeerestaurant Schloss Aschach**, Schlossstr. 24, ✆ 357, ÖZ: Di-So ab 11.30 Uhr

◙ **Cafe Bauer**, Hirtenrasen 5, ✆ 6300

◙ **Zur Krone**, Schlossstr. 12, ✆ 264, Do-Di 10-21 Uhr

🏛 **Schloss-Museen**, Schlossstr. 24, ✆ 358, ÖZ: April-Sept., Di-So 14-18 Uhr, Okt., Di-So 14-17 Uhr. Das **Graf-Luxburg-Museum** zeigt das Lebensumfeld einer Adelsfamilie Ende des 19. Jhs. und eine einzigartige kulturhistorische Sammlung. Im **Schul-**

Bad Kissingen – das Weltbad einst und jetzt

Bad Kissingen

Kurz hinter dem Bahnhof von Bad Kissingen führt der Hochrhöner entlang der Fränkischen Saale durch den Kurbereich. Später verläuft er auf dem Salinenweg am Gradierbau vorbei, wo Jahrhunderte lang Salz gewonnen wurde. So erhält man als Wanderer selbst ohne ausführliche Besichtigung einen Eindruck des berühmten Badeortes.
Bei einem Besuch der Altstadt mit ihren romantischen Gassen bietet die Stadt ein anderes, nicht minder sehenswertes Bild.
Die Kapelle am Friedhof ist aus kunstgeschichtlicher Sicht besonders wertvoll. Chor und unterer Teil des Turmes sind noch mittelalterlich. Am Bau des Langhauses im 18. Jahrhundert wirkte der berühmte Barockbaumeister Balthasar Neumann mit. Im Inneren befindet sich eine spätgotische hölzerne Figurengruppe. Die Kirche St. Jakobus mit ihrer klassizistischen Inneneinrichtung besitzt im Turm mittelalterliche Bauteile, der obere Teil ist aus dem 17. Jahrhundert. Das alte Rathaus, gebaut 1577, trägt ein Barockportal aus dem 18. Jahrhundert. Das jetzige Rathaus, der bis 1710 gebaute ehemalige Heussleinsche Hof, ist ein Barockbau von J. Dientzenhofer.
Über der Stadt thront die Burgruine Bodenlauben des Minnesängers Otto von Bodenlauben aus dem 12. und 13. Jahrhundert. Die im Bauernkrieg zerstörte Burg ist seitdem Ruine. Ein Feuerturm und ein Mauerrest erinnern an die ehemalige Stadtbefestigung.
Im Mittelalter gehörte die gesamte Gegend um Kissingen den Grafen von Henneberg, deren Abkömmling Otto sich nach seiner Stammburg Bodenlauben nannte. Im 13. Jahrhundert kaufte Würzburg die Burg und 1394 auch Kissingen. 1544 wurde die Stadt erstmals als Bad bezeichnet. In der Folgezeit förderten die Würzburger Bi-

Saline Kissingen

Grabmal in Frauenroth

schöfe die einträgliche Salzgewinnung und den Badebetrieb.

1814 kam Bad Kissingen an Bayern, dessen Könige mehrere Bauten des Kurbereiches errichten ließen, wie z. B. 1905 das Theater im fränkischen Barockstil durch Prof. Max Littmann. Außerdem besuchten die bayerischen Regenten den Kurort auch gern selbst. Gegen Ende des 19. Jahrhunderts war der Badeort bereits weltberühmt, wobei sich nicht zuletzt die Bahnverbindung mit Ebenhausen und Schweinfurt als förderlich erwies. In dieser Zeit traf sich hier die geistige und politische Elite wie z. B. Tolstoi, Fontane, Scheffel und Bismarck. Letzterer soll gesagt haben, dass er die Gesundheit in der zweiten Hälfte seines Lebens Bad Kissingen zu verdanken hat.

Kissingens Kurgäste sind seit dem 16. Jahrhundert namentlich festgehalten. Dem berühmten und von Bad Kissingen begeisterten Besucher Otto von Bismarck hat man in der Oberen Saline ein Museum gewidmet, das neben Sonderausstellungen Leben und Wirken des Reichskanzlers sowie die Geschichte des Bades darstellt.

Bad Kissingens Ruhm als Kurort geht auf sechs Heilquellen zurück, von denen sich drei im Kurgarten befinden. Das kalte Wasser des Rákóczy und Pandur enthält Eisenverbindungen, Kochsalz und Kohlensäure und wird bei Stoffwechselerkrankungen empfohlen. Der erst 1909 durch eine Tiefbohrung erschlossene Luitpoldsprudel kommt für Badeanwendungen bei Gefäßerkrankungen zum Einsatz.

Das heutige Bad Kissingen bietet als modernes Bad neben dem Kurbetrieb zur Heilung und Wiederherstellung der Gesundheit das ganze Jahr ein reichhaltiges Programm aus Kunst und Kultur, geführte Wanderungen, doch auch anspruchsvolle Einkaufsmöglichkeiten bei kostenlosen Parkplätzen und natürlich Genüsse für Gaumen und Sinne in reichem Maß.

Beim Luitpoldsprudel

museum im ehemaligen Gärtnerhaus erhalten Sie Einblick in das Schulzimmer einer Dorfschule. Das **Volkskundemuseum** der alten Zehntscheune schildert den Wandel des bäuerlichen Lebens von 1850 bis 1950.

- Die kath. **Pfarrkirche** (1447) ist ein Bau der Julius-Echter-Zeit, der Turm ist im frühgotischen Stil erbaut, die Innenausstattung im neugotischen Stil gehalten.
- Das **Schloss Aschach** war ursprünglich eine Burg (12. Jh.). Nach fast vollständiger Zerstörung während des Bauernkrieges wurde das bis heute erhaltene Hauptgebäude Ende des 16. Jhs. neu errichtet. Mit kleinem Schloss, barocker Zehntscheune, Förster- und Gärtnerhaus sowie Pferdestall.

Bad Bocklet

PLZ: 97708; Vorwahl: 09708

- **Tourist-Information**, Kurhausstr. 2 (Haus des Gastes), ☎ 70703-0
- **Kuranlagen** (18. Jh.) der ehemaligen Fürstbischöfe von Würzburg
- **Balthasar-Neumann-Quelle**, wegen des hohen Eisengehaltes, dem höchsten einer Quelle in Deutschland, auch Stahlquelle genannt. Eine Besonderheit ist das belebende Stahlbad, das Quellwasser wird direkt in die Wannen des Kurmittelhauses geleitet.
- Die **Postkutschenlinie** von Bad Bocklet über Schloss Aschach nach Bad Kissingen ist seit 1950 ununterbrochen im Einsatz und die letzte Postkutschenlinie in Deutschland. Auskunft und Anm. über das Hauptpostamt Bad Kissingen, ☎ 0971/7157452 od. die Kur- und Touristeninformation, ☎ 0971/8048411
- **Kurmittelhaus** Bad Bocklet, neben dem Brunnenhaus, ☎ 77123

Das bayerische Staatsbad Bad Bocklet besitzt eine Quelle, deren Bestandteile denen des Luitpoldsprudels in Bad Kissingen ähnlich sind. Im 18. Jahrhundert ließen die Bischöfe von Würzburg um die 1724 neu entdeckte Quelle Kuranlagen errichten. Die Kirche St. Laurentius und Mauritius hat einen spätgotischen Turm und ein Langhaus, das um 1600 errichtet wurde. Eine besondere touristische Attraktion ist die Postkutschenverbindung über Aschach nach Bad Kissingen (s. o.).

9 **13,0** Gehen Sie an der Weggabelung links in Richtung Hutbuche, Premich und Kreuzberg ∽ nach der **Hutbuche** mit **Rastplatz** am Saum des Waldes, an Bächen und teilweise auch Wiesen entlang zu einer auffälligen Wegkreuzung.

Bad Bocklet

1d

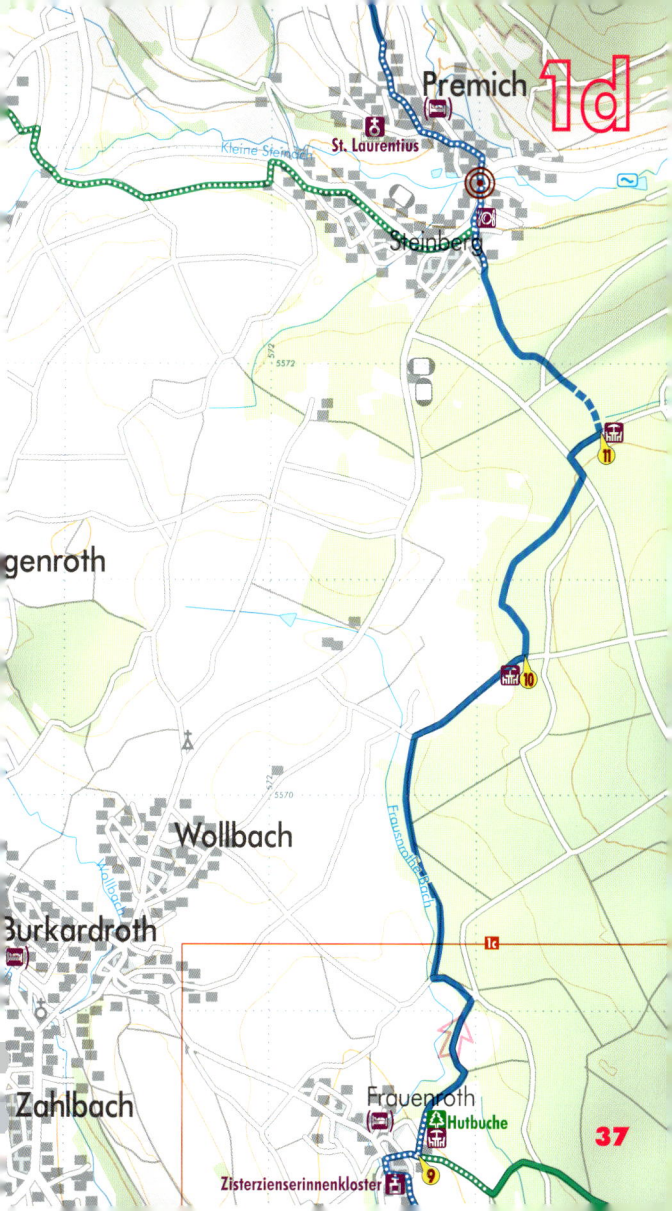

Premich
St. Laurentius
Steinberg

genroth

Wollbach

Burkardroth

Zahlbach

Frauenroth
Hutbuche
Zisterzienserinnenkloster

37

Im Tal der Fränkischen Saale

Ortsteil **Steinberg** an einem Holzlagerplatz, dort an der Weggabelung beim Kreuz rechts weiter ~ vorbei an Häusern abwärts auf dem **Aschacher Weg** ~ an der **Steinbergstraße** rechts und bis zur Abbiegung der Brückenstraße.

AUSSTIEG Von dieser Stelle lässt sich, weitgehend unmarkiert, nach 4 km das Gasthaus „Zum grünen Kranz" in Stangenroth erreichen, wo man übernachten kann. Dieses bietet, auch ab Premich, einen Hol- und Bringservice für Wanderer an (✆ 09734/427).

Der Hochrhöner führt halbrechts über Wiesen zu einem **Rastplatz** am Waldrand entlang und wieder in den Wald hinein.

10 15,4 An der folgenden Weggabelung gehen Sie links ~ auf etwas holprigem Weg entlang von **Grenzsteinen** ~ auf einem breiten Weg kurz links, dann gleich wieder rechts.

11 16,7 An dem **Bildstock** beim **Rastplatz** gehen Sie links in den Pfad ~ auf einem Damm über eine Wegkreuzung und absteigend Richtung Premich ~ über einen weiteren Weg ~ Sie erreichen den Premicher

18,1 An der Brückenstraße haben Sie das Ziel der Etappe erreicht.

Premich

- Schöne Aussicht, Steinbergstr. 5, ✆ 09701/458
- St. Laurentius (17. Jh.)

AUSSTIEG Da der hiesige Gasthof Schöne Aussicht nicht regelmäßig bewirtschaftet wird, können Sie von hier entweder nach Gefäll, Waldberg, Sandberg oder weiter auf dem Hochrhöner nach Langenleiten wandern (s. Karte 2a). Wahlweise empfiehlt sich der Hol- und Bringservice des Weißen Rössl in Stralsbach (✆ 09734/201), des Gasthofes Zum Grünen Kranz in Stangenroth (✆ 09734/427) oder des Hotels Silberdistel in Sandberg (✆ 09701/90750).

Etappe 2   17,9 km
Von Premich nach Oberweißenbrunn

Start: **Premich**
Ziel: **Oberweißenbrunn**
Gehzeit: **5¾ Std.**   *Aufstieg:* **761 m**   *Abstieg:* **436 m**
Hartbelag: **20 %**   *Wanderwege:* **79 %**   *Wanderpfade:* **1 %**

Klosterbier und Bergwiesen

Der Weg von Premich auf den Kreuzberg ist sicher nicht der bequemste, doch ist er besonders schön. Nach der Ortschaft Langenleiten wird es richtig einsam. Von Wald umgebene Wiesen, Ausblicke und zahlreiche Bäche kennzeichnen die abwechslungsreiche Landschaft. Nach steilem Anstieg erreicht man zunächst die Klosterschenke mit ihrem berühmten Bier. Gut gestärkt geht es hinauf zum Gipfel mit seiner großartigen Aussicht auf die umgebende Rhön, aber auch in die Ferne. Gemütlich wandern Sie über Bergwiesen, die im Frühsommer fantastisch bunt sind, hinab nach Oberweißenbrunn. Dabei passieren Sie auch mehrere einladende Rastplätze. Oberweißenbrunn hat eine sehenswerte Kirche und zudem gute Busverbindungen zu den Bahnhöfen Gersfeld und Bad Neustadt.

Blick vom Kreuzberg

Premich

1 **0,0** Von der **Steinbergstraße** in Premich links in die **Brückenstraße** ~ an der **Kirchstraße** wieder links, kurz darauf an der Weggabelung mit Kreuz und Brunnen nochmals links ~ an der nächsten Weggabelung rechts in den **Ringweg**.

> **TIPP** Folgen Sie links der Kirchstraße weiter, gelangen Sie zur Kirche St. Laurentius.

Weiter auf dem Ringweg.

2 **0,7** An der folgenden Weggabelung bei einem Kreuz wieder rechts auf den **Kreuzbergweg** und am Hang des **Kellersbachtales** entlang.

3 **2,1** Am Ende beim **Bildstock** links und weiter auf dem Fahrweg, bald vorbei an einem **Rastplatz** mit Brunnen und Unterstellmöglichkeit ~ nach der Wegkreuzung durch eine Senke ~ anschließend wandern Sie oberhalb einiger Weiher ~ am Waldrand beim **Rastplatz** links halten und am Rand des Langenleitener Holzes entlang.

4 **3,9** Im folgenden Wald biegt der Weg noch vor der Straße links ab in ein Tal, wo ein Steg begangen wird ~ wieder hinauf und über die **St 2290**, kurz links und wieder rechts ~ an einer Strauch- und Baumreihe entlang ~ im Rechtsbogen steil aufwärts nach Langenleiten ~ vorbei am **Friedhof** in den Ort ~ hinter den ersten Häusern links und entlang der **Lindenstraße** ~ am Gasthaus Zur Linde vorbei.

Langenleiten
PLZ: 97657; Vorwahl: 09701
- **Zur Linde**, Lindenstr. 77, ✆ 907646
- **Zur Rhön**, Rhönstr. 7, ✆ 281
- **Mariä Himmelfahrt** (teilweise 18. Jh.)

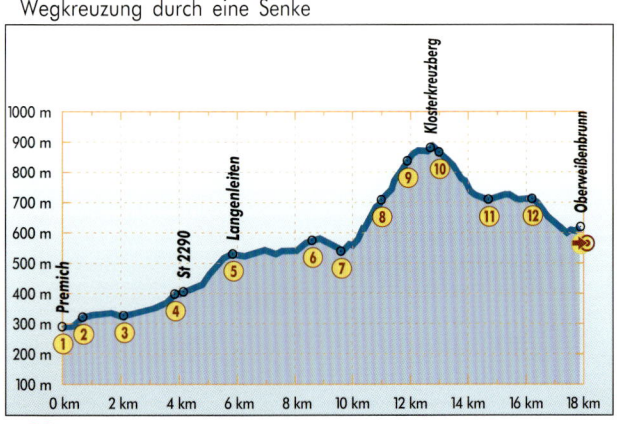

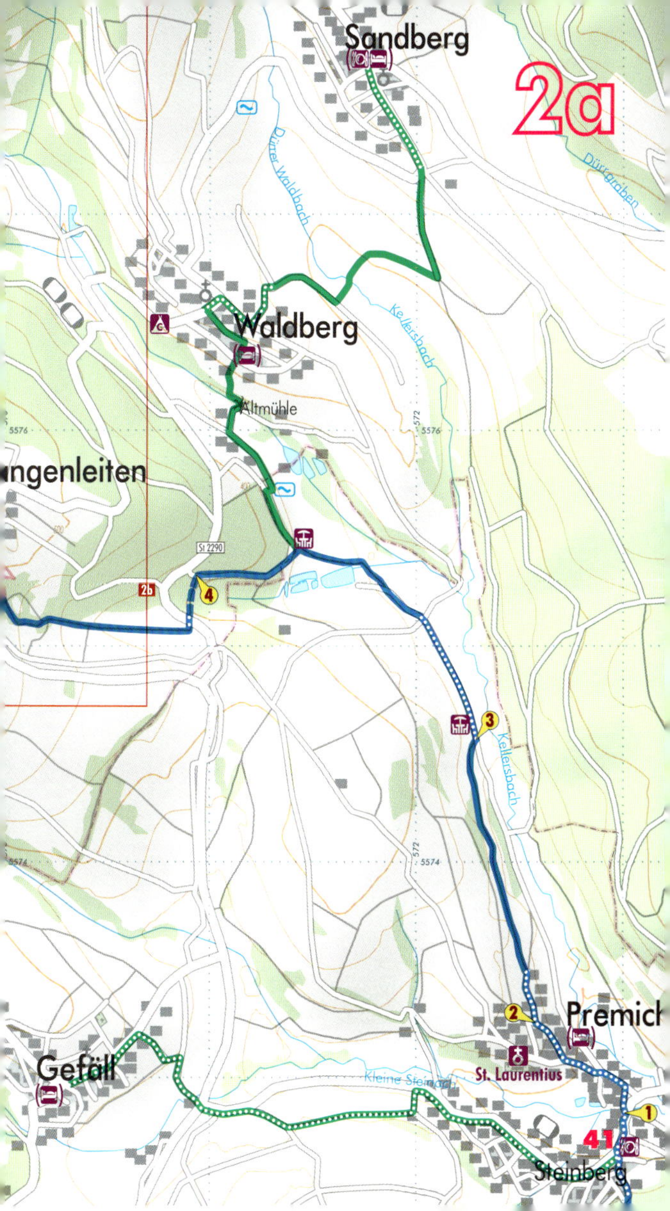

2a

Sandberg

Dürre Waldbach

Waldberg

Kellersbach

Altmühle

St 2290

2b

(4)

(3)

ngenleiten

Gefäll

Kleine Stein...

(2)

St. Laurentius

Premich

(1)

41

Steinberg

Auf dem Kreuzberg

Die Lage der Häuser entlang der Straße und der sich jeweils anschließende Besitz an Flur, Wiese und Wald ist für die Siedlungsform eines Waldhufendorfes charakteristisch. Solche Dörfer entstanden in den Waldgebirgen während einer späten Phase der Besiedlung.

5 **5,8** Biegen Sie an der Kirche nach rechts ab und wandern auf dem **Köhlerweg** zum Wald ↝ vor dem Waldrand links und diesem kurz folgen, dann mit schönem Blick zum gegenüber liegenden Kreuzberg an Gehölzen, Baumreihen, dem **Sportplatz** und blumenreichen Wiesen vorbei ↝ sanft abwärts, dabei über mehrere Bäche ↝ wieder aufsteigend durch Wald und oben vor dem Reidelberg links auf den Fahrweg.

6 **8,6** Bereits nach wenigen Metern in der Linkskurve des Fahrweges rechts ab in den Waldweg ↝ weiter durch Wald hinab zum **Kellersbach**.

7 **9,6** Auf dem **Jakobussteg** über den Bach und wieder hinauf, an dieser Stelle beginnt der Aufstieg zum Kreuzberg ↝ durch lichten Buchenwald und zweimal durch dunkle Fichtenschonungen, dabei mehrmals über breite Wege.

8 **11,0** Beim dritten querenden Forstweg rechts und kurz darauf scharf links, dann rechts folgen und weiter bergauf ↝ Sie queren weitere Forstwege.

9 **11,9** Der Weg endet an einer Dreierkreuzung von Forstwegen, gehen Sie hier geradeaus weiter ↝ im sanften Anstieg vorbei an einer Felsenklippe zur Klostersiedlung und der **Kirche**.

Klosterkreuzberg (s. S. 47)
PLZ: 97653; Vorwahl: 09772

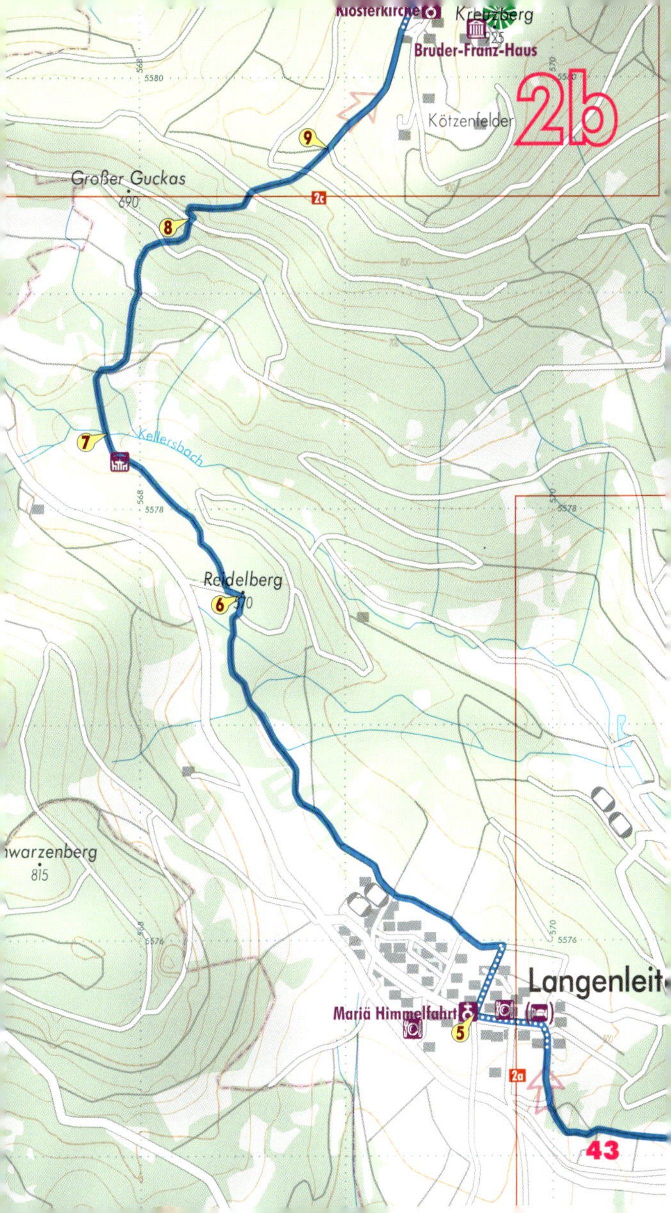

2b

Klosterkirche
Kreuzberg
Bruder-Franz-Haus
Kötzenfelder
Großer Guckas
Kellersbach
Reidelberg
Schwarzenberg
Mariä Himmelfahrt
Langenleit

43

- **Bruder-Franz-Haus**, ✆ 91240 od. 94670, ÖZ: tägl. 10-17.30 Uhr. Mit Museum zu Franz von Assisi und der Geschichte der Franziskaner.
- **Klosterschänke**, Kreuzberg 2, ✆ 91240, ÖZ: Mitte Dez.-Mitte Okt. tägl. 8-20 Uhr, mit eigener Brauerei, Übernachtung mögl.
- **Café zum Elisäus**, Kreuzberg 4, ✆ 9323281, ÖZ: Mi-Sa 10-18 Uhr, So 8-18 Uhr
- **Roth**, Kreuzberg 10, ✆ 1245, ÖZ: Mo, Di 11-14.30 Uhr u. 17-20.30 Uhr, Mi 11-14.30 Uhr, Fr-So 11-22 Uhr
- Die barocke **Klosterkirche** (1681-1692) ist ein beliebtes Ziel für Pilger.

Seit Jahrhunderten pilgern Gläubige auf den Kreuzberg, der auch als „Heiliger Berg der Franken" bezeichnet wird. Der Aufstieg zu den drei Kreuzen auf dem Gipfel wird mit einem einmaligen Panoramablick belohnt – bei klarer Sicht bis zum Vogelsberg, in den Spessart und den Taunus. Das Franziskanerkloster (1677-1692), vor dem eine Statue von dem Frankenapostel St. Kilian steht, verfügt seit 1731 über eine eigene Brauerei, die bis heute das berühmte Kreuzbergbier braut.

Nach der Kirche erreichen Sie eine Weggabelung und halten sich links.

AUSSICHT Wollen Sie sich den Gipfel mit seiner weiten Sicht nicht entgehen lassen, folgen Sie rechts über Treppen der Markierung K. Zunächst vorbei an drei Kreuzen, dem Wahrzeichen des Kreuzberges, erreichen Sie den höchsten Punkt neben dem Sendeturm.

Kreuzberg (928 m)

Wandern Sie weiter mit der Markierung des Hochrhöners auf einem Fußweg neben der Straße **NES 10**.

10 13,0 Sie überqueren die Landstraße und steigen durch Wald ab ~ aus dem Wald hinaus und über Wiesen, vorbei an einem **Rastplatz** mit Brunnen ~ zuletzt dicht entlang der NES 10.

11 14,7 Kurz darauf über die

Rückblick zum Kreuzberg

2c

Frankenheim

Oberweißenbrunn

küppel
700

Ziegelberg

Zubringer Bischofsheim
Ruine Osterburg

12

Arnsberg
845

Zubringer Bischofsheim

11

Gasthof Roth

Gemündener Hütte

Oberwildflecken

10

Klosterkreuzberg
2b Klosterkirche — **Kreuzberg**
Bruder-Franz-Haus

Kötzenfelder

9

Großer Guckas

45

Rastplatz vor Oberweißenbrunn

NES 25, wo ein Zubringer nach Bischofsheim abzweigt, dahinter weiter in geringer Entfernung zur Landstraße ~ vorbei an einem weiteren **Rastplatz** mit Aussicht nach Osten bis zu den Gleichbergen ~ dann in den Wald hinein und an einer Weggabelung links.

12 16,2 Unter einem Skilift hindurch ~ nach zwei Rastplätzen vorbei an einem Zubringer nach Bischofsheim ~ an einer folgenden Weggabelung links und an einem weiteren Rastplatz vorbei ~ weiter abwärts bis zum Arnsberg-Imbiss und einem **Rastplatz** mit Brunnen.

 Arnsberg-Imbiss, nur Winterbetrieb

Nach Querung des Liftes direkt vor der B 279 rechts, kurz darauf im engen Linksbogen die Bundesstraße unterqueren ~ rechts in den **Mühlengrund** und vorbei am gleichnamigen Gasthaus in den Ort ~ an der Hauptstraße links und auf dieser zur **Bushaltestelle** unterhalb der Kirche.

 17,9 An der Kirche sind Sie am Etappenziel angelangt.

Oberweißenbrunn

PLZ: 97653; Vorwahl: 09772

- **Mühlengrund**, Mühlengrund 3, ✆ 445
- **Zum Lamm**, Geigensteinstr. 26, ✆ 9303-0
- **Rhönlust**, Geigensteinstr. 50, ✆ 442
- Jüngere **Kirche** (1962) mit barocker Ausstattung aus dem 18. Jh., eine gelungene Synthese von alt und neu.

Der Ort liegt nahe der Wasserscheide zwischen der zur Weser fließenden Fulda und den zum Main orientierten Flüssen Brend und Sinn. Während im Talbereich noch der Buntsandstein ansteht, tritt an den Berghängen bereits der Muschelkalk auf. Die umgebenden Gipfel bestehen aus Basalten. Die beiden Hagküppel unmittelbar südwestlich des Ortes werden auch als „Rhönbusen" bezeichnet.

Kloster Kreuzberg

Mit 928 Metern wird auf dem Klosterkreuzberg der höchste Punkt der Bayerischen Rhön erreicht. Der frühere Name Aschberg geht vielleicht auf das germanische Göttergeschlecht der Asen zurück. Reste von Wällen deuten auf eine keltische Besiedlung. Einer Sage nach soll der hl. Kilian gegen Ende des 7. Jahrhunderts einen germanischen Opferstein umgestürzt und an dieser Stelle ein hölzernes Kreuz errichtet haben. Fürstbischof Julius Echter von Mespelbrunn ließ 1568 statt eines im Bauernkrieg zerstörten Holzkreuzes ein steinernes Kreuz und eine Kapelle errichten. Zu dieser Zeit fanden bereits Wallfahrten zu Gottesdiensten auf dem Kreuzberg statt. Nach dem Dreißigjährigen Krieg, gegen Ende des 17. Jahrhunderts, ließ Fürstbischof von Dermbach das Kloster und die jetzige Kirche errichten. Wertvollste Bestandteile sind eine vergoldete Monstranz, die einen Splitter vom Kreuz Jesu enthalten soll, und ein Sandsteinaltar der früheren Kapelle. Die Wallfahrten auf den Kreuzberg finden bis zur Gegenwart auch aus fernen Gegenden statt und gehören zu den bedeutendsten in Franken. Von der Kirche führen 14 Kreuzwegstationen zu drei Kreuzen, die das Wahrzeichen des Kreuzberges darstellen.

Im 18. Jahrhundert entstand die Klosterbrauerei, deren köstliches Bier weit über die Region hinaus bekannt ist. Zur Herstellung wird das für die Bierherstellung besonders gut geeignete weiche Wasser aus dem Basalt des Gipfels verwendet.

Das anstehende Gestein des Gipfels ist jedoch durch Basaltschutt verdeckt. Im Bereich der Südostflanke befindet sich ein Blockmeer, auch „Johannisfeuer" genannt. Auf dem Gipfel befinden sich Reste sog. Frostböden aus dem Eiszeitalter. Durch zeitweiliges Gefrieren des Wassers im Boden wurde dieser bewegt.

Die Aussicht reicht an klaren Tagen weit über die Rhön bis zu den anschließenden Gebirgen.

Die drei Kreuze auf dem Gipfel

Kreuzweg auf dem Kreuzberg

Etappe 3

Oberweißenbrunn – Enzianhütte
(Westroute Kuppenrhön)

19,3 km

Start: **Oberweißenbrunn**
Ziel: **Enzianhütte**
Gehzeit: **6¼ Std.** *Aufstieg:* **747 m** *Abstieg:* **626 m**
Hartbelag: **9 %** *Wanderwege:* **62 %** *Wanderpfade:* **29 %**

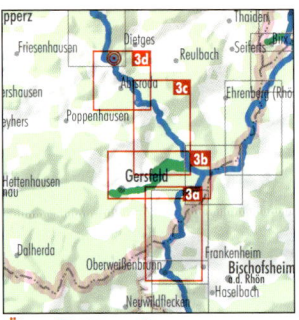

Über die Wasserkuppe

Große Teile dieser Wanderung faszinieren durch ihre gewaltige Aussicht auf die nähere Umgebung und in die Ferne, eine schöne Passage löst die nächste ab. Zunächst steigen Sie hinauf zum wiesenbedeckten Gipfel des Himmeldunkberges und wieder hinab zum Schwedenwall, wandern unterhalb des Kesselsteins entlang, um sich kurz nach der Hochhöner-Gabelung der speziellen Faszination des Roten Moores mit seiner bizarren Pflanzenwelt hinzugeben. Vorbei an der Fuldaquelle mit ihrem begehrten Wasser aus dem Basaltgestein erreichen Sie schließlich die Wasserkuppe, den höchsten Berg der Rhön. Alle Wege entlang der Wiesen sind von reicher Flora.

Auf Einkehrmöglichkeiten treffen Sie beim Haus am Roten Moor, auf der Wasserkuppe sowie in Abtsroda.

Wollen Sie erst beim Roten Moor in den Hochrhöner einsteigen, finden Sie ab S. 50 einen Zuweg ausgehend vom Bahnhof Gersfeld beschrieben.

Auf dieser Etappe können Sie ferner entscheiden, welcher Variante des Hochrhöners Sie bis Andenhausen folgen wollen.

Oberweißenbrunn

1 **0,0** Von der **Bushaltestelle** unterhalb der Kirche gehen Sie kurz entlang der **Geigensteinstraße** in Richtung Ortsmitte, dann rechts in die **Mühlackerstraße** ~ bald wieder links in den **Rockensteinweg** und aus dem Ort ~ Sie steigen hinauf zum Himmeldunkberg ~ der Weg führt zunächst zwischen Sträuchern, dann über Wiesen mit prächtigem Rückblick zum Kreuzberg und Arnsberg ~ am Rockensteingipfel rechts vorbei.

Kreuzberg und Oberweißenbrunn

2 **2,1** Oben vor dem Waldrand gehen Sie rechts ~ auf dem Gipfel des **Himmeldunkberges** befindet sich ein **Rastplatz**, von dem die Aussicht noch besser ist.

AUSSICHT Ein schmaler etwa in Südost-Richtung führender Pfad abseits der Route erweitert die Aussicht nochmals. Man blickt hier u. a. über das tief liegende Bischofsheim und das Grabfeld bis zu den Hassbergen.

Weiter durch Fichtenwald vorbei an Grenzsteinen von 1872.

Grenzlinien

Das Königreich Bayern (KB) grenzte hier an das Königreich Preußen (KP). Heute verläuft an dieser Stelle die Grenze zwischen den Bundesländern Bayern und Hessen.

Zweigen Sie an der Weggabelung bei der **Hütte Hohe Hölle** rechts ab und steigen über prächtige Bergwiesen ab, dabei mit Sicht auf die Gleichberge und

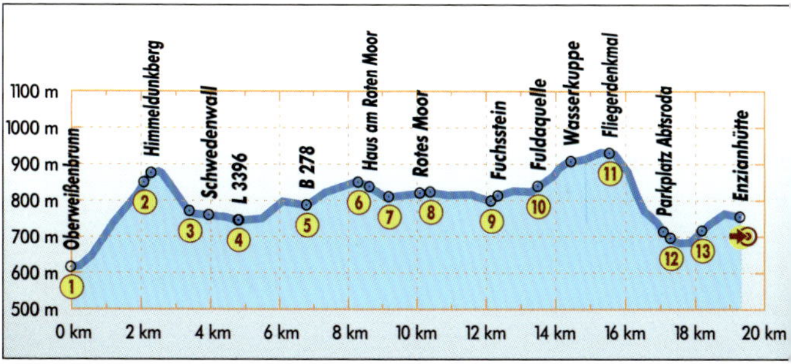

49

dahinter den Kamm des Thüringer Waldes.

Kulturlandschaft Rhön

Die herrlichen Fernsichten der Rhön führten zu dem sehr begründeten Begriff „Land der offenen Fernen". Hierbei ist nicht zu vergessen, dass die Bergwiesen durch die Beweidung mit Schafen und vor allem durch die jährlichen Schnitte waldfrei gehalten worden sind. Nur durch die Tätigkeit des Menschen kann die Rhön in ihrer heutigen Schönheit erhalten bleiben.

3 3,4 Nach dem Abstieg links auf den Pfad, geradeaus führt ein Zubringer nach Bischofsheim ~ über den Schwedenwall.

Schwedenwall

Bereits im Mittelalter bestand hier eine Grenzbefestigung. Sie wurde von den Schweden während des Dreißigjährigen Krieges übernommen und ausgebaut, um die Pass-Straße über die Rhön zwischen Gersfeld und Bischofsheim zu sichern.

Hier und über den Berg Hohe Hölle verläuft auch die Wasserscheide zwischen Fulda und Main.

Weiter zur Straße **L 3396**, dieser kurz folgen und am **Parkplatz** vorbei.

4 4,8 An der Kreuzung rechts und über die L 3396 ~ wieder über Bergwiesen, am Hang des Kesselsteins entlang mit Ausblicken zu den Nallenbergen und nach Gersfeld ~ dann im weiten Rechtsbogen auf der Forststraße durch den Wald.

5 6,8 Über die **B 278** und wenig später links aufwärts ~ bis zur Kreuzung an der **Schutzhütte**.

6 8,3 An der Kreuzung trennen sich die beiden Strecken des Höchrhöners.

Hochrhöner-Gabelung

VARIANTE Möchten Sie nur die West- oder Ostvariante des Hochrhöners wandern bzw. erst im Roten Moor einsteigen, bringt Sie ein Hochrhöner-Zubringer vom Bhf. Gersfeld zur Hochrhöner-Gabelung.

Von Gersfeld zur
Hochrhöner-Gabelung   7,5 km
Gersfeld

PLZ: 36129; Vorwahl: 06654

- **Tourist-Information**, Brückenstr. 1, ✆ 1780
- **Ev. Kirche** (1780-85), eine der bedeutendsten Kirche ihrer Zeit in Hessen.
- **Schloss** und Barockgarten (1740) befinden sich in Privatbesitz, eine Besichtigung ist nicht möglich.
- **Wildpark Gersfeld**, ✆ 680, ÖZ: April-Okt., tägl. 9-18 Uhr, Nov.-März, tägl. 10-16 Uhr. Auf über 50 ha lassen sich mehr als 150 Tiere, überwiegend heimisches Wild, fast wie in freier Wildbahn beobachten. Führungen n. Vereinb.
- **Wellnessbad Kaskade**, Auf der Wacht 14a, ✆ 917353, ÖZ: Mo-Fr 14-22 Uhr, Sa, So/Fei 10-22 Uhr. Mit Saunalandschaft, Vital&Beauty Ressort u. a.

3a

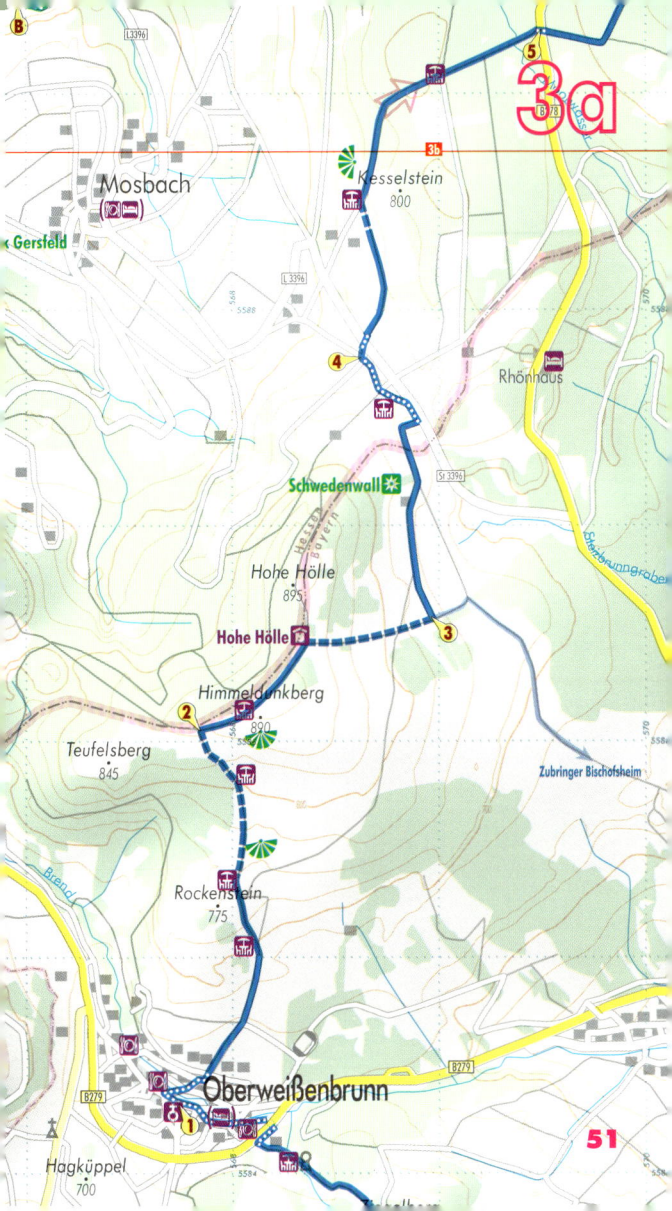

Mosbach

Gersfeld

Kesselstein
800

Rhönhaus

Schwedenwall

Hohe Hölle
895

Hohe Hölle

Himmeldunkberg
880

Teufelsberg
845

Zubringer Bischofsheim

Rockenstein
775

Brend

Oberweißenbrunn

Hagküppel
700

51

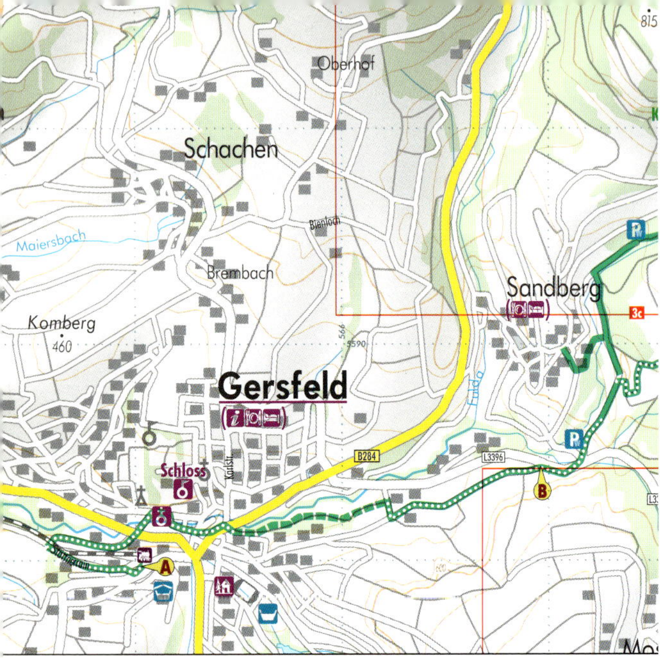

Das an der oberen Fulda gelegene Kneippheilbad ist vom Roten Moor etwa zwei Stunden entfernt und durch seine Bahnanbindung ein günstiger Ausgangspunkt, um die Route des Hochrhöners zu teilen oder mit einer der Varianten zu beginnen.

A 0,0 Gehen Sie vom Bahnhof zunächst ortsauswärts auf der **Bahnhofstraße** entlang der Gleise ~ nach ca. 300 m rechts über die Bahn und auf der **Wiesenstraße** Richtung Ortsmitte ~ im Linksbogen über die **Berliner Straße**, einen Bach und die Fulda ~ an der T-Kreuzung rechts auf die **Fuldaer Straße** und gleich nochmals rechts in die Straße **Marktplatz**

Gersfeld

52

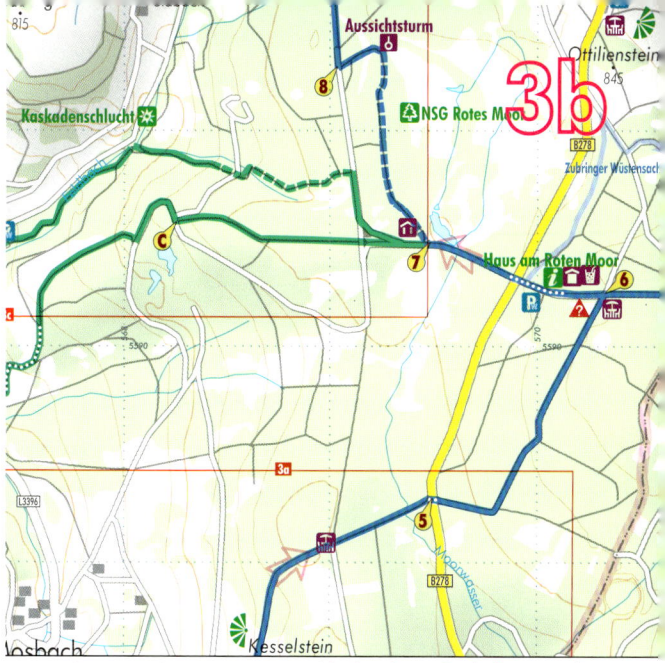

~ vorbei an der Kirche und über eine Kreuzung ~ links auf die **Wasserkuppenstraße** ~ noch vor der Fulda-Brücke rechts in den Pfad, dem Zubringer zum Roten Moor folgend ~ 🚫 auf diesem zunächst am Bach entlang, dann zwischen Wald und Wiese und vorbei an einem Weiher.

Botanik am Wegesrand

Man findet unweit der Wege etwa ab Ende Mai Schlangenknöterich, Waldstorchschnabel und Ährige Teufelskralle.

Nach dem **Parkplatz** rechts, gleich wieder links und vorbei an der **Rhönmarkthalle**.

B 3,2 An der **L 3396** kurz rechts, nach etwa 100 m links und über die Wiesen hinauf, zuletzt rechts ab und im Linksbogen.

AUSFLUG Sandberg bietet sich ggf. für einen kurzen Abstecher zur Einkehr an.

VARIANTE Folgen Sie der Straße vorbei am Abzweig nach Sandberg, können Sie auch durch die verwunschene Kaskadenschlucht und entlang eines Bächleins zum Roten Moor gelangen.

Unterwegs zum Hochrhöner

Sandberg

- Landgasthof Stefanie, Sandberg 24, ✆ 06654/496
- Gasthof Feldberg, Neustädter Str. 7, ✆ 09701/200

Die etwas abseits der Route liegende Ortschaft Sandberg hat ihren Namen vom hier dominierenden Buntsandstein.

Am Waldrand rechts und dem Linksbogen folgen ~ nochmals nach rechts, in Süd-Richtung mit Blick auf den Simmelsberg ~ nach einer Wegkreuzung weiter hinauf entlang des Waldrandes ~ bleiben Sie an der Weggabelung auf dem Hauptweg ~ an der mächtigen Buche in den Wald hinein ~ an der Weggabelung links.

C 5,3 Am Ende des Rechtsbogens erreichen Sie den Rand eines ehemaligen **Basaltsteinbruches**, biegen Sie hier links ab ~ unterhalb des Mostberges entlang.

7 6,5 Nach Querung eines Radweges kommt von vorn die Westvariante des Hochrhöners, der Sie wahlweise nach links auf dem Moorlehrpfad folgen ~ gehen Sie hingegen bei der Schutz- und **Infohütte** zum Roten Moor weiter geradeaus, über die **B 278** und vorbei am **Haus am Roten Moor**, erreichen Sie an der Hochrhöner-Gabelung die Ostvariante.

Hochrhöner-Gabelung

PLANUNG Auf der Hauptroute ist an dieser Stelle die Entscheidung zu treffen, ob Sie auf der westlichen Route „Kuppenrhön" oder der Ostvariante „Lange Rhön" weiterwandern wollen. Für letztere gehen Sie hier rechts, den zugehörigen Routentext finden Sie auf S. 90.

6 8,3 Sie folgen der nach links verlaufenden westlichen Etappe über die Kuppenrhön ~ vorbei am **Haus am Roten Moor**, noch vor der B 278 zweigt rechts der Zubringer nach Wüstensachsen ab.

Haus am Roten Moor

- Haus am Roten Moor, ✆ 09772/930517 od. 0172/9573337
- Brotzeitstation im Haus am Roten Moor

Am Rande des **Parkplatzes** vor zur B 278 und diese überqueren

∼ nach 200 m kurz rechts am Ufer des **Moorweihers** entlang ∼ zurück zum breiten Weg und zur Schutz- und **Informations-Hütte** Rotes Moor.

> **TIPP** Nehmen Sie sich für den folgenden Kilometer im Roten Moor viel Zeit, um diese einzigartige, fast etwas entrückte Welt gründlich und in Ruhe aufnehmen zu können.

Rotes Moor (820 m)   (s. S. 58)

Ein Lehrpfad führt über einen Bohlensteg durch die bedeutsame und naturgeschützte Moorlandschaft. Vom Aussichtsturm hat man einen guten Überblick über das gesamte Gebiet mit seinen Karpatenbirkenwäldern und Grünlandbereichen.

7 **9,2** Gehen Sie an der Informationshütte rechts auf den **Moorlehrpfad**, einem Bohlenpfad ∼ am **Aussichtsturm** biegt dieser nach links ab, kurz darauf endet der Moorlehrpfad.

Waldstorchschnabel

8 **10,4** Biegen Sie rechts auf den breiten Weg ab, der zwischen zwischen Fichtenwald und Laubwald entlang führt ∼ dann wieder über Bergwiesen.

Botanik am Wegesrand

Auf den Bergwiesen blühen vor dem ersten Schnitt Ende Mai zahlreiche Wildblumen wie gelber Hahnenfuß, rötlicher Schlangenknöterich und der rotviolette Waldstorchschnabel. An den Wegrändern gibt es zu dieser Zeit Trollblumen mit ihren gelben kugeligen Blütenständen, Meisterwurz mit kleinen weißen bis rötlichen Blüten, Bach-Nelkenwurz mit rotbraunen Kelchblättern und auch Breitblättriges Knabenkraut mit dichtem rotem Blütenstand und breiten Blättern.

Im Roten Moor

9 12,2 Nach Querung der **B 284** passieren Sie den Felsen des Naturdenkmals **Fuchsstein** ~ nach einem steilen Abstieg zweimal an Weggabelungen rechts, aus dem Wald hinaus und neben dem Fuldabächlein hinauf, um die **Fuldaquelle** zu erreichen.

Auf dem Weg zur Wasserkuppe

Fuldaquelle
Die gefasste Quelle liegt in einer Baumgruppe. Auf einer Tafel findet sich ein romantisch geprägter Vers.

10 13,5 Der Hochrhöner führt links weiter ~ auf aussichtsreichem Weg parallel unterhalb der Straße ~ am Rhön Info Zentrum biegt der Hochrhöner nach links ab.

Wasserkuppe   (s. S. 59)
PLZ: 36129; Vorwahl: 06654

- **Rhön Info Zentrum**, Wasserkuppe 1, ✆ 918340

Fuchsstein

- **Peterchens Mondfahrt**, Wasserkuppe 46, ✆ 381, ÖZ: tägl.
- **Deutscher Flieger**, Wasserkuppe 48, ✆ 7007, ÖZ: tägl.
- **Märchenwiesenhütte**, Wasserkuppe 60, ✆ 8640, ÖZ: während Skilift- und Sommerrodelbahnbetrieb
- **Deutsches Segelflugmuseum**, Wasserkuppe 2, ✆ 7737, ÖZ: April-Okt., tägl. 9-17 Uhr, Nov.-März, tägl. 10-16.30 Uhr. Anhand von Bildtafeln, Fotos und z. T. originalen Ausstellungsstücken wird die Geschichte des Segelfluges präsentiert.
- **Sommerrodelbahn und Rhönbob**, Wasserkuppe, ✆ 632, ÖZ: tägl. 10-17 Uhr. Vier verschiedene Bobbahnen laden zur rasanten Abfahrt ein.
- **Radom**, ÖZ: Mo-Fr 10-17 Uhr, Sa-So 10-19 Uhr. Die ehemalige Radarkuppel aus der Zeit des Kalten Krieges lockt Besucher nun mit einer Aussichtsplattform und einem tollen Rundblick an.

Die Wasserkuppe, unterhalb der die Fulda entspringt, ist mit 950 Metern nicht nur der höchste Berg Hessens und der Rhön, sondern auch ein bedeutender Ort in der Geschichte des Segelfluges. Pioniere der Segelfliegerei starteten hier ihre ersten

3c

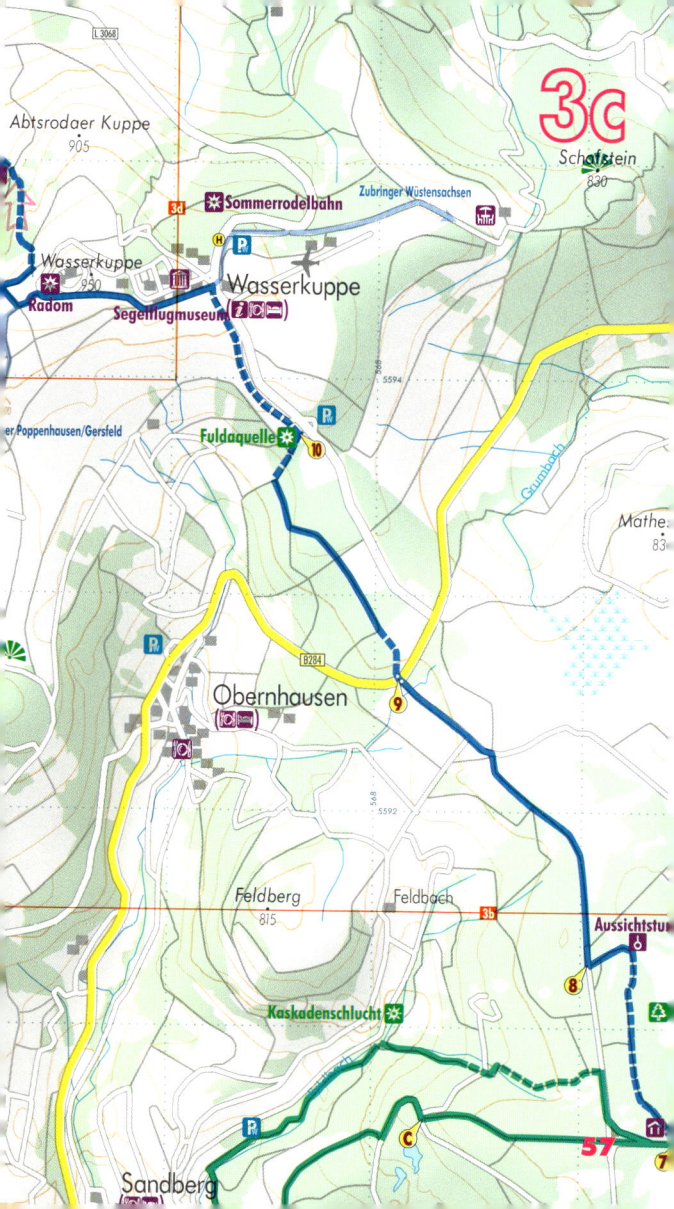

- Abtsrodaer Kuppe 905
- Schafstein 830
- Sommerrodelbahn
- Zubringer Wüstensachsen
- Wasserkuppe 950
- Radom
- Segelflugmuseum
- Wasserkuppe
- Fuldaquelle (10)
- er Poppenhausen/Gersfeld
- Grumbach
- Mathe 83
- Obernhausen
- (9)
- Feldberg 815
- Feldbach
- Aussichtsturm
- (8)
- Kaskadenschlucht
- 57
- (7)
- Sandberg

Moore der Rhön: Das Rote Moor

In der Hessischen Rhön liegt in einer Höhe von etwa 800 Meter das Rote Moor innerhalb des gleichnamigen Naturschutzgebietes. Das Gebiet gehört auch zur Kernzone des Biosphärenreservates Rhön. Von 1809 bis 1984 wurde im Roten Moor Torf abgebaut, zunächst als Heizmaterial, ab 1838 auch für Moorbäder.

Im Roten Moor

Dazu wurden sogar Entwässerungsgräben angelegt. Dadurch wurden beträchtliche Teile des Hochmoores zerstört bzw. geschädigt, sodass sich nur die Randgebiete ungestört weiter entwickeln konnten. Gegen Ende des 20. Jahrhunderts begann man mit der Renaturierung, wobei zunächst der Feuchtigkeitsverlust verringert wurde. Um den Grundwasserspiegel wieder anzuheben, wurden Gehölze entfernt und Entwässerungsgräben aufgestaut.

Unterschieden wird zwischen dem Großen Roten Moor und dem Kleinen Roten Moor, zwischen denen der Bach Moorwasser fließt.

Das Moor enthält nebeneinander verschiedene Lebensräume. Im Inneren befindet sich ein besonders nährstoffarmes Gebiet. Hier überwiegen die teilweise rötlichen Torfmoose und insektenfressende Pflanzen wie z. B. Sonnentau und Fettkraut. An diese Kernzone des Moores schließen sich Zwergsträucher und kleinere Bäume an. Im folgenden Sumpfgürtel findet man z. B. Wollgras mit seinen weißwolligen Blütenborsten. Die Randzone bildet der Karpatenbirkenwald, in dem eine Unterart der Moorbirke, die sog. Karpatenbirke dominiert. Diese Art des Waldes ist vor allem im östlichen Teil des Moores gut entwickelt.

Das Moor ist auch Lebensraum zahlreicher Tierarten, von denen der Wanderer auf dem Hochrhöner wahrscheinlich vor allem größere Raubvögel wie z. B. den Roten Milan mit seinem gabelartigen Schwanz sehen wird. Die Pflanzen- und Tierwelt des Moores wird durch mehrere Tafeln erläutert.

Die Moore der Rhön entstanden am Ende der letzten Vereisung, als durch verstärkte Abtragungsvorgänge Mulden entstanden. In diesen sammelte sich auf lehmigen Verwitterungsprodukten der Basalte oder auf tonigen Ablagerungen der Tertiärzeit das Wasser, das zusammen mit den niedrigen Temperaturen die Entwicklung von Mooren begünstigte.

Jedem seine Wasserkuppe

Die Wasserkuppe ist mit 950 Metern der höchste Berg der Rhön. Obgleich die Gipfel des Mittelgebirges sehr niederschlagsreich sind und sich hier etwa 30 Quellen befinden, kommt der Name Wasserkuppe wahrscheinlich nicht von „Wasser" sondern vom altdeutschen „Wass", das auf einen Weideplatz hinweist.

Der Berg wird heute für viele Freizeitaktivitäten genutzt. Es ist vor allem der Berg der Segelflieger, an deren mutige Pioniere ein Fliegerdenkmal erinnert. Die hiesige Fliegerschule ist die älteste der Welt, und das Segelflugmuseum zeigt die Geschichte dieses Sports. Ferner gibt es eine Sommerrodelbahn, Gleitschirmflieger schwingen sich in die Lüfte, und nicht weit entfernt befindet sich ein Flugplatz für Modellflieger.

Auf der Wasserkuppe können die meisten Wintersportarten betrieben werden. Das Info Zentrum Rhön, die Hessische Verwaltungsstelle des Biosphärenreservats Rhön, der deutsche Wetterdienst, die Bergwacht, ein Zeltplatz, mehrere Gasthäuser, Hotels eine Jugendbildungsstätte und auch Läden fehlen nicht. Aus all diesen Gründen bringt der Hochrhönring, eine von Gersfeld verlaufende Ringstraße, derzeit Besucher in großer Zahl auf die Wasserkuppe.

Eine ehemalige Radar-Kuppel lässt den Berg bereits aus der Ferne erkennen und dient heute als Aussichtspunkt. Mehrere Wanderwege des Rhönklubs führen seit langer Zeit über die Wasserkuppe, und auch den Hochrhöner hat man zu Recht über diesen Berg gelegt. Gegenseitige Toleranz ist angesagt, der Wanderer muss nicht lange bleiben und wird bald wieder von der Einsamkeit der Rhön umgeben sein, wenn es sein Wunsch ist.

Blick von der Wasserkuppe

Auf der Wasserkuppe

Flugversuche, was der Wasserkuppe auch den Namen „Berg der Flieger" einbrachte.

AUSSTIEG Wollen Sie zur Bushaltestelle, wo der Linienbus nach Fulda abfährt, folgen Sie der Markierung des Zubringers nach Wüstensachsen, queren vor dem Hotel Peterchens Mondfahrt die Straße und gehen auf dem Fußweg abwärts bis zum Parkplatz mit der Haltestelle.

Nach dem Infozentrum an einer Anlage des Deutschen Wetterdienstes vorbei zum Gipfel der Wasserkuppe.

AUSSICHT Wer den Aussichtspunkt auf der ehemaligen Radarkuppel Radom besteigen möchte, biegt rechts ab. Die Aussichtsempore ist durch ein Drehkreuz gegen Eintritt immer zugänglich. Bereits unterhalb des Radoms bietet sich eine sehr gute Aussicht, die auf Panoramatafeln kommentiert ist.

Gehen Sie an der Weggabelung, wo von vorn Hochrhöner-Zubringer von Gersfeld und Poppenhausen einmünden, rechts.

11 **15,6** Vor dem **Fliegerdenkmal** erneut rechts, danach links auf den Pfad abzweigen ~ nach einem **Rastplatz** steigt man durch Wald steil ab Richtung Abtsroda ~ hinter dem Brunnen und dem **Rastplatz** mit Unterstellmöglichkeit weiter entlang einer Wiese ~ dann wieder durch Wald, noch immer steil hinab ~ unter einem Lift hindurch, aus dem Wald heraus und an der Kreuzung wenig später links vor zum **Parkplatz** an der **L 3307** ~ rechts entlang der Landstraße zur Kreuzung mit der L 3068 und links ab bis zum Ortsrand von Abtsroda.

Abtsroda
PLZ: 36163; Vorwahl: 06658

🏨 **Zum Hirsch**, Wasserkuppenstr. 18, ☎ 918893, ÖZ: Mi-Mo 11-1 Uhr

Bei Abtsroda wurde im 18. Jahrhundert Porzellanerde abgebaut, die in Fulda verarbeitet wurde. Im Ort befindet sich ein Trachtenhaus.

12 **17,3** Gehen Sie noch vor dem ersten Haus rechts auf den Feldweg und wandern oberhalb der Häuser von Abtsroda entlang von Sträuchern ~ kurz abwärts durch Wald, vorbei an einer Buche mit **Gedenkkreuz** gerade über die Straße ~ dahinter bergauf und kurz darauf am Fahrweg dann rechts.

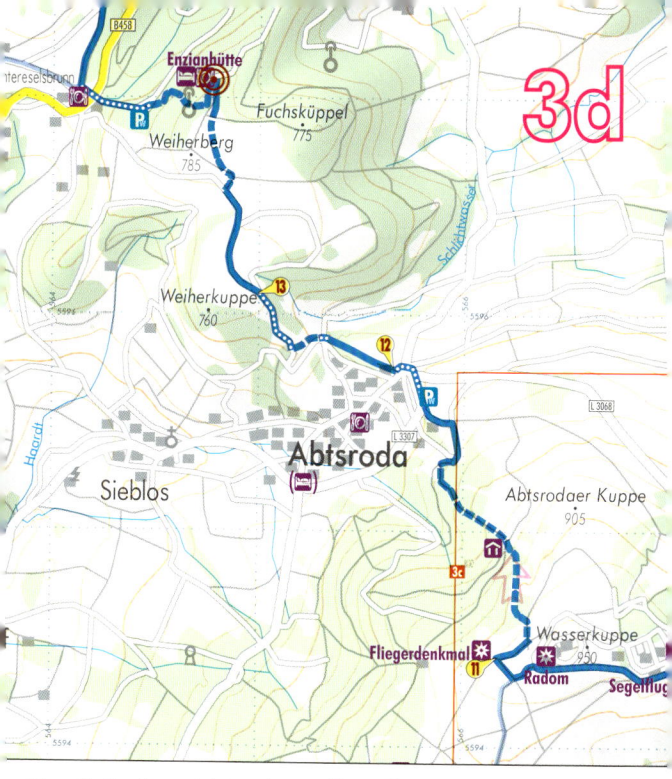

13 18,2 Halten Sie sich an der folgenden Weggabelung links, wenig später in West-Richtung mit Aussicht nach Fulda und zum Vogelsbergmassiv ~ am folgenden **Weiherberg** führt der Weg rechts vorbei.

Botanik am Wegesrand

In dieser Region blühen im Juni die weiße Ährige Teufelskralle und die blaue Kugelige Teufelskralle.

Am Waldrand links in den Wald hinein.

➙ **19,3** An der **Enzianhütte** erreichen Sie das heutige Ziel.

Enzianhütte

Enzianhütte, ✆ 06658/319, ÖZ: Nov.-März, Mi-So ab 10 Uhr, April-Okt. auch Mo 10-18 Uhr

61

Etappe 4   19,8 km
Von der Enzianhütte nach Gotthards (Westroute Kuppenrhön)

Start: **Enzianhütte**
Ziel: **Gotthards**
Gehzeit: **6¼ Std.**   *Aufstieg:* **533 m**   *Abstieg:* **893 m**
Hartbelag: **18 %**   *Wanderwege:* **74 %**   *Wanderpfade:* **8 %**

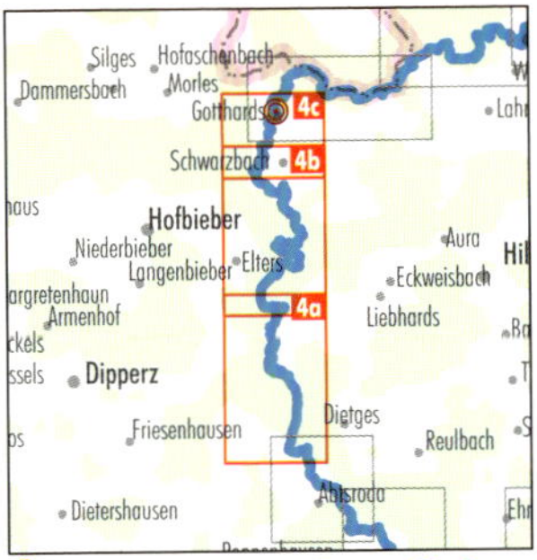

Über die sagenumwobene Milseburg

Vorbei am Bubenbader Stein führt diese Etappe zur aus Phonolith bestehenden Milseburg, die sich von allen Seiten als markanter Berg zeigt. Die teils von Felsblöcken bedeckten Hänge, der steile, fast alpine Anstieg von Osten und der felsige Gipfel sind eindrucksvoll für jeden Wanderer. Oben findet sich neben einer Kreuzigungsgruppe und der Gangolfskapelle auch die gemütliche Milseburg-Hütte, die das Ausflugsziel perfekt macht.

Eine ganze Reihe weiterer Gipfel und Kuppen streifen Sie entlang dieser Etappe, die sich nach und nach hinab ins Tal der Nüst schwingt. Hinter der Milseburg führt die Route vorbei an einem Naturschutzgebiet mit reicher Flora. Im Wechsel von entlegenen Wäldern und aussichtsreichen Bergwiesen erreichen Sie schließlich das Nüsttal und damit Gotthards.

Blick von der Milseburg

Enzianhütte

Enzianhütte, ☏ 06658/319, ÖZ: Nov.-März, Mi-So ab 10 Uhr, April-Okt. auch Mi-Mo 10-18 Uhr

1 ⁰,⁰ Vor der **Enzianhütte** biegt der Weg nach links ab und führt Sie über Treppen durch Wald steil hinab ~ an der Straße links weiter und nach einem Kreuz und dem **Parkplatz** zur **B 458**.

Hotel Grabenhöfchen, Grabenhöfchen 1, ☏ 06658/316

Nach Querung der Straße vorbei am Hotel Grabenhöfchen zu einer Weggabelung, wo links ein Zubringer nach Poppenhausen abzweigt ~ rechts auf dem breiten Feldweg leicht ansteigend zum Wald ~ in den Wald hinein.

2 ¹,⁸ An der Weggabelung gehen Sie links und erreichen später das sog. **Bubenbad**, einen Waldweiher, um den sich eine Sage rankt ~ hier befindet sich auch ein **Rastplatz** ~ am folgenden Waldrand befindet sich

Blick von der Enzianhütte zur Milseburg

eine **Schutzhütte** mit schönem Blick auf die Milseburg und ihr Blockmeer.

3 ³,⁵ Ca. 250 m nach Ende des Waldes an der Abzweigung links, geradeaus führt ein Zubringer über Danzwiesen und Rupsroth nach Hilders ~ an der folgenden Wegkreuzung halbrechts abbiegen und in einer Kehre hinauf zum Waldrand.

Geologie am Wegesrand

Bereits an dieser Stelle fällt das helle, doch massige ungeschichtete Gestein auf. Es handelt sich um vulkanisch entstandenen Phonolith, aus dem die gesamte Milseburg besteht.

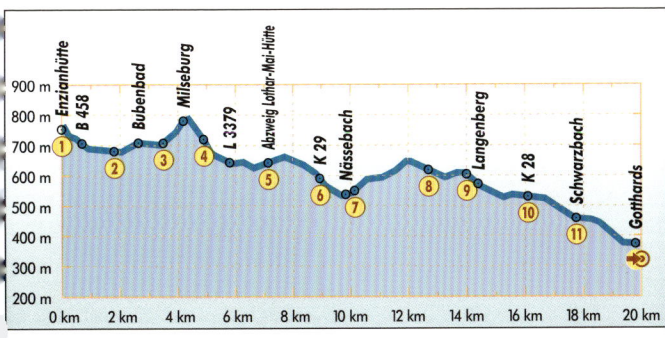

Auf dem Weg zur Milseburg

Weiter auf einem felsigen Steig, vorbei an einer **Mariengrotte** zu einer Weggabelung, an der die Route rechts abbiegt.

AUSFLUG Zur Besteigung des Gipfels gehen Sie hier links zur nächsten Weggabelung und dort wahlweise links direkt zum felsigen Gipfel bzw. rechts an Milseburghütte und Ganggolfskapelle vorbei ebenfalls zum Gipfel, der unschwer erklommen werden kann. Dort befindet sich eine barocke Kreuzigungsgruppe.

Milseburg (835 m)   (s. auch S. 70)

- Milseburghütte, ✆ 0151/17841877, ÖZ: April-Dez., Mo-Mi 11-18 Uhr, Di 11-18 Uhr, Fr-So 11-20 Uhr, Jan.-April, Sa-Mo
- Gangolfskapelle unterhalb des Gipfels, errichtet zu Ehren des heiligen Gangolf. Er soll einer Sage nach gemeinsam mit dem Teufel den Riesen Mils, nach dem der Berg benannt ist, bezwungen haben.

Neben Wasserkuppe und Kreuzberg gehört die Milseburg – auch „Perle der Rhön" genannt – zu den drei bedeutendsten Bergen der Rhön. Der höchste und südlichste Berg der hessischen Kuppenrhön liegt östlich des Biebertales, aus dem er sich etwa 300 Meter erhebt. Die charakteristische Form hatte mancherlei Namen und Deutungen zur Folge, so wird sie z. B. auch mit dem schlafenden Riesen Mils in Zusammenhang gebracht, wodurch sich ihr Name erklärt.

Der mystische Ort mit keltischen Siedlungsresten zieht viele Besucher an. Auf dem Weg zum Gipfel sieht man an der Süd- und Ostseite die Reste eines eindrucksvollen Ringwalls mit 1,3 Kilometern Länge und bis zu 12 Metern Breite. Ein wirklich lohnender archäologischer Wanderpfad führt durch die prähistorische Geschichte der Milseburg. Auf dem Gipfel steht eine Kreuzigungsgruppe aus dem Jahr 1756.

Zurück zur Weggabelung und auf breitem Weg abwärts durch prächtigen Bergwald mit Buchen und Bergahorn ～ Sie kommen an Blockhalden, einem Felsen mit Aussicht zu Schloss Bieberstein und mehreren Infotafeln vorbei.

4 4,9 Am Waldrand biegt der Weg mit Blick nach links ab ～ Sie kommen zu einer Weggabelung, wo links ein Zubringer nach Langenbieber abzweigt ～ dem Wegverlauf zur **K 20** folgen und dort rechts.

Aufstieg zur Milseburg

4a

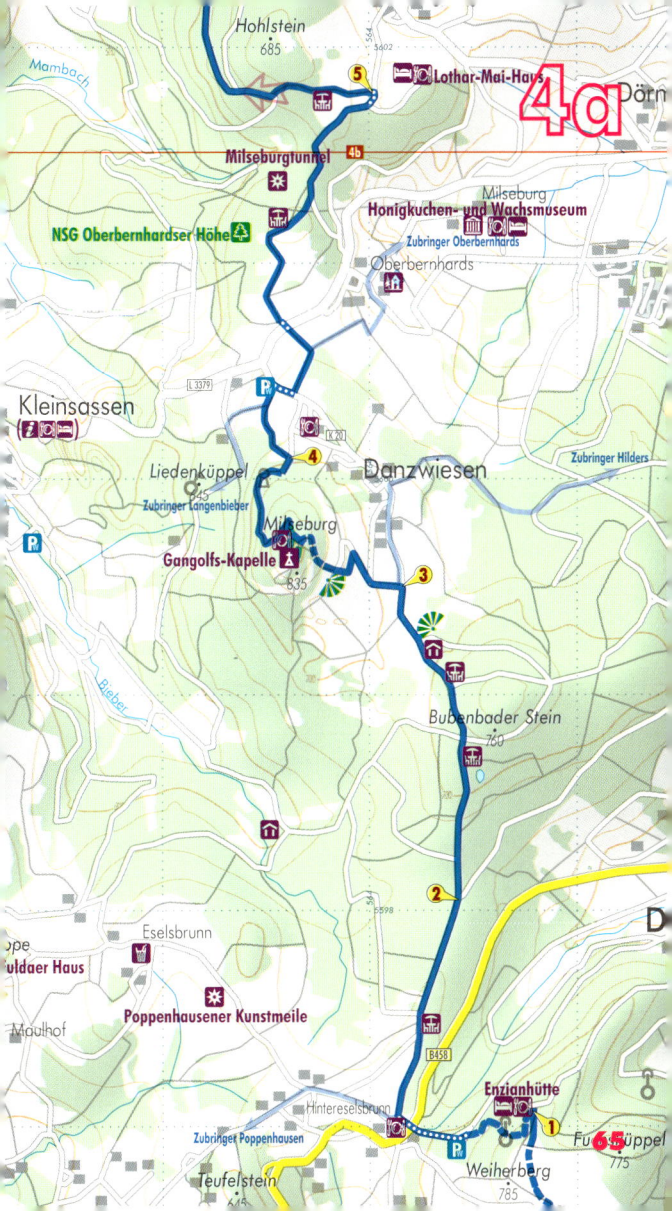

- Hohlstein 685
- Mambach
- Lothar-Mai-Haus
- Milseburgtunnel
- NSG Oberbernhardser Höhe
- Honigkuchen- und Wachsmuseum
- Milseburg
- Zubringer Oberbernhards
- Oberbernhards
- Kleinsassen
- L 3379
- Liedenküppel
- Zubringer Langenbieber
- Danzwiesen
- Zubringer Hilders
- Milseburg
- Gangolfs-Kapelle 835
- Bubenbader Stein 760
- Bieber
- B 458
- Eselsbrunn
- Poppenhausener Kunstmeile
- Maulhof
- Enzianhütte
- Zubringer Poppenhausen
- Hintereselsbrunn
- Teufelstein
- Weiherberg 785
- Füldaer Haus

Milseburghütte

> **TIPP:** Auf der K 20 geradeaus gelangen Sie in wenigen Minuten zur Milseburgstube.

Milseburgstube, Gangolfsweg 1, ✆ 06657/608565

Links ab und weiter auf der Route und zur L 3379, vorbei am Zubringer nach Oberbernhards ~ nach Querung der L 3379 bei einem **Bildstock** gelangen Sie zu dem sich auf Muschelkalk erstreckenden **NSG Oberbernhardser Höhe** ~ dann wieder durch Wald ~ am folgenden Waldrand ist das schön gelegene Hotel Lothar-Mai-Haus zu sehen.

Lothar-Mai-Haus, Lothar-Mai-Str. 1, ✆ 06657/9608-0

5 **7,1** Kurz auf der Straße, dann links und im Rechtsbogen auf Waldwegen um den Hohlstein herum.
Hohlstein (685 m)
Es handelt sich wie bei der Milseburg um einen Phonolithstock, der hier von Lösslehm umgeben ist. Der feinkörnige Löss wurde im Eiszeitalter durch den Wind abgelagert. Durch Entkalkung entstand daraus der Lösslehm.

6 **8,9** Nach Querung der Straße K 29 führt die Route an einem **Waldweiher** vorbei und am Bach **Nässe** entlang in den Talgrund ~ von links mündet ein Hochrhöner-Zubringer von Hofbieber ein, kurz darauf über den Bach ~ an der Gabelung rechts weiter ~ zweimal über einen Bach, zunächst auf einer Forststraße.

7 **10,1** Am Abzweig halblinks in den grasigem Weg und aufwärts, nach 200 m dann links auf die Forststraße ~ nach einem Linksbogen quert ein Weg, dahinter an einer **Schutzhütte** vorbei leicht bergauf in das Waldgebiet **Harth** ~ an der Gabelung rechts bleiben, dann den Kurven des Weges folgen, vorbei an zwei Waldteichen ~ an der Straße beim **Rastplatz** ein Stück nach links.

8 **12,7** Dann biegen Sie rechts

Auf der Milseburg

4b

Gickershauk 465

Schwarzbach

L 3174

Zubringer Schwarzbach

Ulrichshauck

⑪

⑩

K28

Sandberg 560

Langenberg

⑨

ittges

⑧

Harth

Elters

Zubringer Hofbieber

Nässe

⑦

⑥

Bomberg 670

enberg 55

K 29

Steens

4a

Hohlstein 685

⑤ Lothar-Mai-Haus

Mambach

67

Bei Oberbernhards

auf einen Pfad ab ~ nach einer Waldpassage immer dem Wiesensaum folgen ~ nach dem sanften Rechtsbogen sind Schwarzbach und das Hessische Kegelspiel zu sehen.

9 14,0 Vorbei an einem Wasserspeicher, danach rechts und nach Langenberg.

Langenberg

 Langenberg Nr. 6, Getränkeverkauf von privat

Biegen Sie hinter der **Kirche** rechts ab, dann an der Hauptstraße wieder links ~ am Ortsende rechts und leicht hinab ~ an einer Wegkreuzung links abwärts in den Wald ~ an zwei Weggabelungen jeweils links, an der ersten befindet sich ein Wegweiser nach Schwarzbach, an der zweiten, wo sich auch ein **Kreuz** befindet, biegt ein Zubringer des Hochrhöners nach Schwarzbach ab.

Direkt nach Schwarzbach
Der Zubringer folgt dem Bachlauf des **Schwarzbaches** und führt in gleicher Richtung weiter in die Ortsmitte ~ die Bushaltestelle befindet sich an der Abbiegung der Tanner Straße nach links.

Nach Abbiegung des Zubringers wandern Sie an einer Schlucht entlang, gehen nach rechts und queren diese ~ in einer Waldlücke wird Schwarzbach mit seiner markanten Kirche sichtbar ~ nach einer weiteren Waldpassage an der K 28 kurz rechts.

10 16,1 Wenig später biegen Sie links ab, gehen um den **Ulrichshauck** herum und können bei guter Sicht im Nordwesten Hünfeld und dahinter das Hessische Bergland sehen ~ am Ortsrand von Schwarzbach vor der L 3174 dem Rechtsbogen folgen und zu einer Weggabelung.

AUSSTIEG Rechts führt der Zubringer auf der Tanner Straße hinab in die Ortsmitte von Tann zur Bushaltestelle, die sich an der Kreuzung mit der Gotthardser Straße (Hauptstraße) befindet.

Schwarzbach

 Zum goldenen Stern, Tanner Str. 27, ☏ 06684/244
 Zum schwarzen Adler, Weinstr. 4, ☏ 06684/243

11 17,7 Der Hochrhöner führt links zur **Unterführung** unter der L 3174 ~ dahinter wenige Meter nach links, dann rechts zum Rand des **Sportplatzes**, wieder kurz rechts und gleich links in den Feldweg ~ nach dem **Stöckküppel** biegen Sie zunächst rechts, dann links ab und erreichen bald den Talgrund bei Gotthards ~ auf der **Schwarzbacher Straße** links durch die Ortschaft und nach Querung der **Nüst** zur **L 3176**.

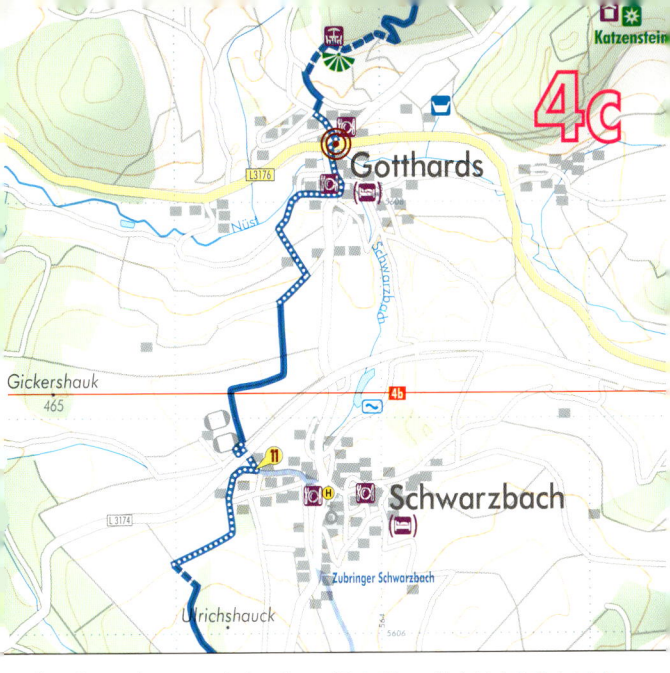

19,8 In Gotthards sind Sie am Etappenziel angekommen.

Gotthards
PLZ: 36167; V orwahl: 06684
- **Zur Linde**, Schwarzbacher Str. 11, ☎ 286
- **Rhönhof**, Kettener Str. 2, ☎ 917444
- **Backhaus**. Alljährlich findet Ende Juli das weithin geschätzte Backhausfest statt.
- Sehenswerter **Dorfplatz**
- **Freibad**, ÖZ: Mai-Aug. 10-19 Uhr, ☎ 0160/91748738

Das im Nüsttal liegende Gotthards ist staatlich anerkannter Erholungsort mit einem beheizten Freibad, einem renovierten Backhaus und sehenswertem Dorfplatz. Das Nüsttal ist eine abwechslungsreiche Landschaft mit Kuppen vulkanischen Ursprungs, vielen Obstbäumen und botanisch wertvollen Trockenrasen.

Die Milseburg

Die zur Kuppenrhön gehörende Milseburg besteht aus vulkanisch entstandenem Phonolith. Dieser ist an der Oberfläche grau, an frischen Bruchflächen graugrün. Die Phonolithe sind aus einem bereits stärker differenzierten Magma gegen Ende der Zeit des Rhönvulkanismus entstanden. Teilweise ist der anstehende massige Phonolith von Blockhalden verdeckt. In der unmittelbaren Umgebung der Milseburg steht der Buntsandstein an, der um etwa 100 Meter überragt wird.

Bereits vor über 100 Jahren wies der Apotheker Adalbert Geheeb auf die reiche Pflanzenwelt der Milseburg hin. Felsen, Blockhalden und Wald zwischen der warm-trockenen Südseite und der kalten Nordseite bieten auf engem Raum viele verschiedene Biotope. Darunter sind z. B. die von Kaltluft durchzogenen Gesteinszwischenräume der Nordseite für Eiszeitrelikte besonders geeignet. Deshalb wurde die Milseburg bereits 1969 als Naturschutzgebiet ausgewiesen. Heute gehört sie zu den Kernzonen des Biosphärenreservats Rhön.

Zahlreiche Funde weisen zudem darauf hin, dass sich hier bedeutende prähistorische Siedlungen befanden. Neben gesicherten Niederlassungen in der Bronzezeit um 1000 v. Chr. und um 400 v. Chr. zeigen diese Funde weiterhin, dass bereits am Ende der Altsteinzeit Menschen auf der Milseburg lebten. Im Osten und Süden des Berges ist ein Steinwall als Rest einer ehemaligen Befestigungsanlage zu erkennen. Der hier beschriebene Abstieg führt an einer durch Felsen bedingten Engstelle vorbei, die wahrscheinlich einst durch ein Holztor gesichert war.

Höhepunkte für heutige Wanderer sind Gottesdienste unmittelbar unter dem Gipfel, ein Besuch der gemütlichen Milseburghütte und natürlich die großartige Fernsicht auf die umgebende Rhön, bei entsprechendem Wetter bis zum Hessischen Kegelspiel, dem Thüringer Wald und dem Vogelsberg.

Etappe 5 15,1 km
Von Gotthards nach Tann (Westroute Kuppenrhön)

Start: **Gotthards**
Ziel: **Tann**
Gehzeit: **5 Std.** *Aufstieg:* **624 m** *Abstieg:* **616 m**
Hartbelag: **17 %** *Wanderwege:* **76 %** *Wanderpfade:* **7 %**

Über Basaltkuppen in einen der beliebtesten Urlaubsorte Hessens

Die Wanderung beginnt in der parkähnlichen Landschaft des Nüsttales. Bald werden die ersten Höhen erreicht und überschritten. Mehrfach wechseln kleine Wälder mit Wiesen, wobei besonders die Randbereiche eine reichhaltige Flora aufweisen. So blüht hier beispielsweise das auf der Roten Liste stehende Große Windröschen mit seinen leuchtend weißen Blüten, das auf Kalk hinweist.

Zudem bieten sich Ausblicke auf die vorhergehende Etappe des Hochrhöners. Eine Infotafel und ein Gedenkstein erinnern an die ehemalige innerdeutsche Grenze und deren Aufhebung 1989. Die Überschreitung des Habelberges erfordert noch einmal etwas Kraft, ehe man im Ulstertal den schön gelegenen und vielfach gerühmten Urlaubsort Tann mit seinen zahlreichen Sehenswürdigkeiten erreicht.

Habelstein-Aussicht

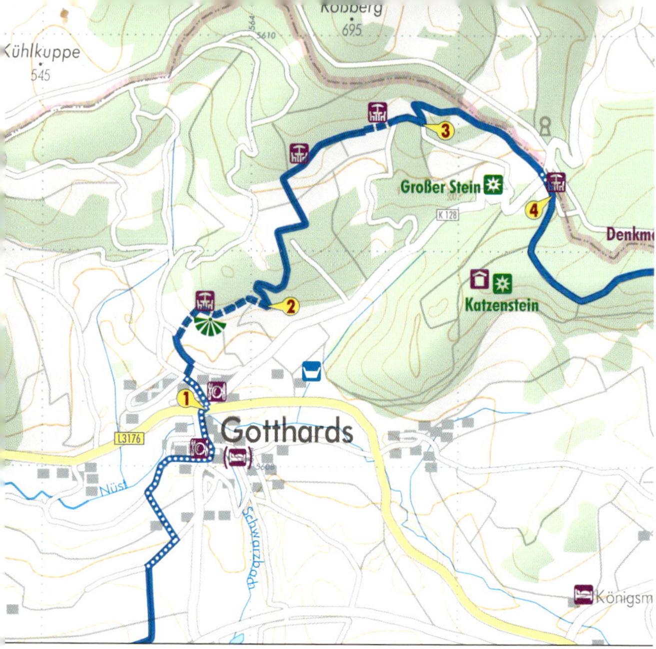

Gotthards

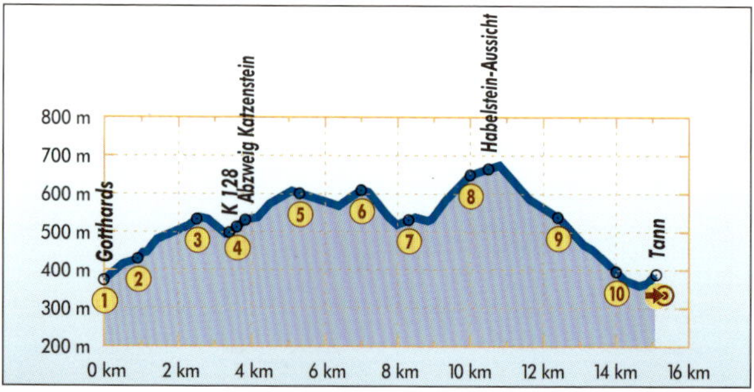

1 0,0 Gehen Sie nach Querung der Straße **L 3176** vor dem Gasthof Rhönhof links ab auf der **Bergstraße** und von dieser rechts auf einem Feldweg und einem Pfad hinauf in Richtung Wald vom Waldrand haben Sie Aussicht über das Nüsttal zurück zu Milsburg und Wasserkuppe ~ am Waldrand rechts und vor dem Wald entlang.

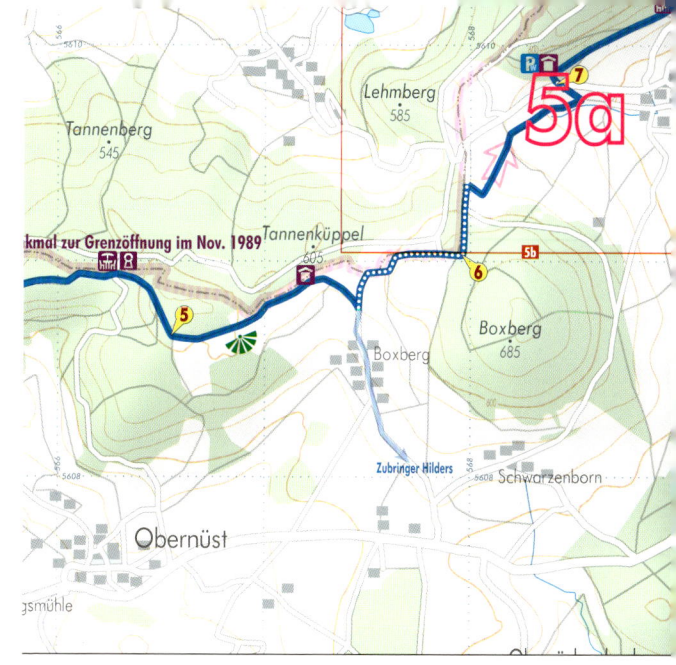

Botanik am Wegesrand

Rechts am Waldrand gibt es Standorte von Kreuzblume, Weißem Waldvögelein, Hufeisenklee und Küchenschelle.

2 ⁰,⁹ Nach einer scharfen Linkskurve führt der Weg steil bergauf in den Wald und in zwei Kehren durch diesen ~ dann rechts entlang des Waldrandes, links über eine Lichtung und vor dem Wald wieder rechts ~ länger entlang des Waldrandes ~ kurz über die Wiesen und weiter auf dem Fahrweg.

3 ²,⁵ Sie folgen einer Links-Rechts-Kombination, dann führt der Hochrhöner im Wechsel von Wiese und Wald hinab zu einem Sattel, über den die K 128 von Gotthards nach Ketten führt.

Grenzlinien

Sie bewegen sich nun an der Grenze (sog. Kettener Schlagbaum) zwischen Thüringen (Wartburgkreis) und Hessen (Landkreis Fulda). Auch die innerdeutsche Grenze verlief hier. Deren Linie folgt heute das sogenannte Grüne Band mit geschützten Lebensräumen zum Erhalt bedrohter Tiere und Pflanzen.

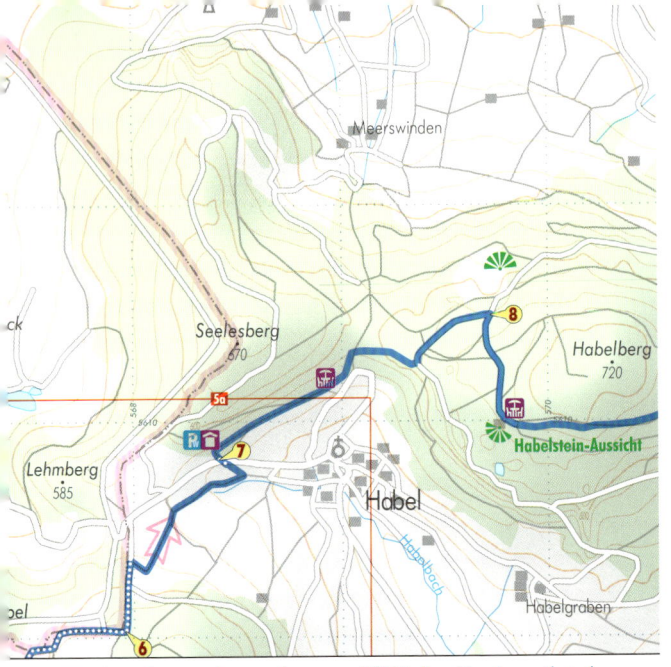

AUSFLUG Wer das nahe gelegene Naturdenkmal Großer Stein besuchen möchte, geht kurz vor Querung der Straße rechts auf den Feldweg und unten am Fahrweg links, bis vor Erreichen der K 128 ein Weg zum Naturdenkmal abbiegt.

Großer Stein

🌼 Naturdenkmal **Großer Stein**, Relikt eines Phonolith-Schlotes

4 ³,⁶ Sie erreichen einen Rastplatz am Waldrand ～ weiter in Richtung Katzenstein auf breitem Wanderweg in den Wald hinein.

AUSFLUG Wollen Sie einen Abstecher zur Hütte am Katzenstein machen, gehen Sie an der folgenden Weggabelung zunächst geradeaus und folgen dann dem Wegweiser zum Katzenstein nach links.

Großer Stein

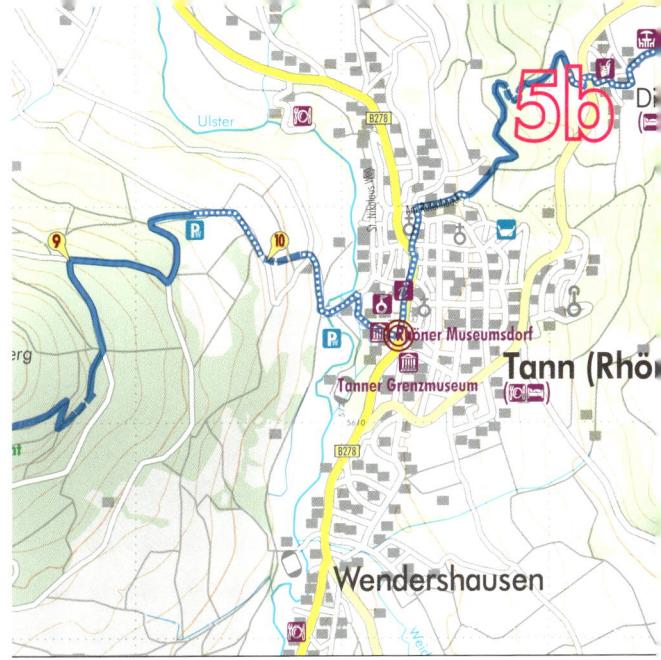

Katzenstein

✻ **Katzenstein**, Felsengruppe aus Basalt

Auf der Hauptroute auf einem Höhenrücken am Naturschutzgebiet mit Vorkommen von Knabenkräutern vorbei zur Wegkreuzung am sog. Ahornplatz mit einem **Denkmal** vorbei.

✻ **Denkmal** zur Erinnerung an die Grenzöffnung im November 1989

5 5,3 Nach Verlassen des Waldes links am Waldrand entlang, mit Blick auf Boxberg und im Süden bis zu Milseburg und Wasserkuppe ~ am Wegrand blühen im Mai auch an dieser Stelle Knabenkräuter ~ an der Landstraße geht es rechts nach Boxberg, der Hochrhöner führt nach links zur Straße nach Habel ~ folgen Sie zunächst den Kurven der Straße.

6 7,0 Gehen Sie oben am Wald nach links und abwärts ~ aus

Bank an der Habelstein-Aussicht

75

Auf dem Weg zum Habelstein

dem Wald hinaus und 100 m später rechts in den Pfad, dann bald wieder links und weiter hinab in Richtung Habel ~ dann rechts entlang eines Baches und bald links hinauf zur Straße und dort kurz nach links.

7 **8,3** Beim **Parkplatz** rechts, vorbei am Brunnen **Kettenborn** und am Waldrand entlang, wo im Mai das Große Windröschen blüht, hier mit Blick auf den romantisch gelegenen Ort Habel ~ weiter am Saum des Waldes entlang, dann in den Wald und ansteigend ~ an der T-Kreuzung links.

8 **10,0** Beim Flurgebiet Heufeld an einer weiteren T-Kreuzung rechts und bogenförmig um den Habelberg herum ~ vor Erreichen des höchsten Punktes gelangen Sie zu einer **Schutzhütte** und einer Weggabelung, von der nach rechts ein Pfad zur Felsengruppe des **Habelsteins** führt.

Habelberg (718 m)

🌿 Von der **Habelstein-Aussicht** genießen Sie einen weiten Blick in die Kuppenrhön und das Ulstertal.

Von der Bank an der Habelstein-Aussicht, einem steil abbrechenden Basaltfelsen, hat man einen sagenhaften Ausblick über das Dorf Habel, auf die Milseburg und die Wasserkuppe. Das Basaltgestein ist säulig ausgebildet, unterhalb befindet sich ein Bergsturzgebiet.

An der Westseite des Habelbergs säumt ein 300 Meter langer Wall den Berg, vermutlich eine unvollendete keltische Ringwallanlage. Auch ein Schwert aus der Latènezeit wurde hier gefunden, sodass man auf eine keltische Besiedlung schließen kann.

Zurück zur Route und weiter um den Berg herum, bald auf einer engen Serpentine.

9 **12,4** Am Nordosthang des Berges biegt der Weg nach rechts ab und verläuft auf einer langgezogenen Serpentine abwärts, wobei sich Ausblicke ins Ulstertal ergeben ~ hinaus aus dem Wald.

10 **14,0** Nach dem weiten Rechtsbogen verlassen Sie die Straße nach links auf den Pfad entlang eines Bächleins ~ unten dann rechts weiter auf der Straße ins Tal ~ am Ende hinter dem **Parkplatz** zur Brücke über die **Ulster** ~ nach einer weiteren Brücke rechts an der Schloss- und Stadtmauer entlang und die Treppen hinauf zur Straße.

🔄 **15,1** Am Tor aus dem 16. Jahrhundert, das in die Stadt zum **Marktplatz** führt, haben Sie das Etappenziel Tann erreicht.

Tann (s. auch S. 78)
PLZ: 36142; Vorwahl: 06682

- 🛈 **Tourist-Information** Tann (Rhön), Marktplatz 9, ✆ 96117-11/12
- 🏛 **Grenzinformationsstelle Tann**, Am Kalkofen 6 (Rhönhalle), ✆ 1655, ÖZ: Mai-Okt., Fr um 10.30 Uhr. Die Ausstellung informiert über die Geschichte der deutschen Teilung und die Grenzanlagen.
- 🏛 **Museumsdorf Tann**, Schlossstr. 3, ✆ 8544, ÖZ: April-Okt. 10-12 Uhr und 14-17 Uhr. Das Dorf besteht aus 3 Höfen, die einen einmaligen Einblick in die heimische Tradition und Baukunst geben. Mit Backhaus, Schnapsbrennerei und Schreinerwerkstatt.
- 🏛 **Naturmuseum**, Schlossstr. 3, ✆ 8977, ÖZ: April-Okt. 10-12 Uhr und 14-17 Uhr. Erleben Sie Erdgeschichte, Flora und Fauna der Rhön.
- 🏛 **Sagenkeller**, Schlossstr. 3, ✆ 917142, ÖZ: April-Okt. 10-12 Uhr und 14-17 Uhr. Tauchen Sie ein in die sagenumwobene Welt von Tann und der Rhön. Sagenwanderungen auf Nachfrage möglich.
- ✳ **Ev. Stadtkirche** (1881-1889) im neogotischen Stil
- ✳ **Schloss Tann** im Stil von Renaissance und Barock besteht aus 3 Flügeln, dem roten, dem blauen und dem gelben. Das Haus befindet sich im Privatbesitz der Familie von der Tann.
- ✳ Das sanierte **Stadttor** (1557) mit zwei flankierenden Rundtürmen befindet sich am Ortsausgang nach Wendershausen.
- ✳ Das **Elf-Apostel-Haus** (1500) am Marktplatz ist eines der ältesten Fachwerkhäuser der Stadt im Stil der Renaissance. 11 Holzreliefs über dem Erdgeschoss des Hauses zeigen die Apostel. In der Nähe befindet sich auch das Ochsenbäckerhaus.
- ✳ Wer die Stadt nicht zu Fuß erkunden möchte, kann **Rundtouren auf dem Segway**, einem einachsigen Elektro-Fahrzeug mit Spaßfaktor, machen. Ab 3 bis max. 6 Personen, Reservierung unter Tourist-Information Tann.
- 🛁 **Geriethbad**, Geriethpark, ✆ 917542

Der Luftkurort Tann liegt im landschaftlich reizvollen Ulstertal und gilt als eine der ältesten Ansiedlungen in der Rhön. Es wird vermutet, dass die damals „Thonn" genannte Siedlung bereits um die Wende des 6. zum 7. Jahrhundert bestand. Irische Mönche sollen der Siedlung ihren Namen gegeben haben, ebenso wie dem Fluss Ulster, der nach ihrer Heimatprovinz in Nordirland benannt worden sein soll.

Blick auf Tann vom Fuß des Habelbergs

Wissenswertes über Tann

Tann (Rhön) war der Sitz des bereits im 12. Jahrhundert genannten gleichnamigen Geschlechtes. 1197 erhielt der Ort die Stadtrechte, die Originalurkunde dazu ist im Hessischen Staatsarchiv in Marburg zu sehen.
Bereits im Jahr 968 wird erstmals ein Ernst von Tann erwähnt, der an einem Reitturnier in Meersburg am Bodensee teilnehmen wollte, aber auf Grund fehlender Ahnenprobe abgelehnt wurde. 1534 wurde die Reformation eingeführt, 1541 erhielt Tann das Marktrecht. Der Stadtbrunnen am Marktplatz wurde 1710 erbaut, das Denkmal erinnert an einen bayerischen General aus dem Ortsgeschlecht, das Elf-Apostelhaus am Marktplatz 4 ist das älteste Bürgerhaus, das Ochsenbäckerhaus Marktstraße 9 stammt von 1592, die Stadtkirche wurde nach einem Brand 1889 im neugotischen Stil nachgebaut, die Schlossanlage besteht aus drei Schlössern, der Schlossbrunnen ist ein Barockbau und die Friedhofskirche von 1741 enthält wertvolle Grabmäler. Außerdem befinden sich hier ein Naturmuseum und das Rhöner Museumsdorf.
Tann wurde 1999 vom von den Hörern des Hessischen Rundfunk zum beliebtesten Urlaubsort in Hessen gewählt. In einer Umfrage des ZDF kam Tann innerhalb Deutschlands auf den 14. Platz innerhalb von 1.000 beliebten Urlaubsorten.

Etappe 6 — 18,5 km
Von Tann zum Abzweig Dermbach (Westvariante Kuppenrhön)

Start: Tann (Rhön)
Ziel: Abzweig Dermbach
Gehzeit: 5¾ Std. **Aufstieg:** 623 m **Abstieg:** 567 m
Hartbelag: 32 % **Wanderwege:** 52 % **Wanderpfade:** 16 %

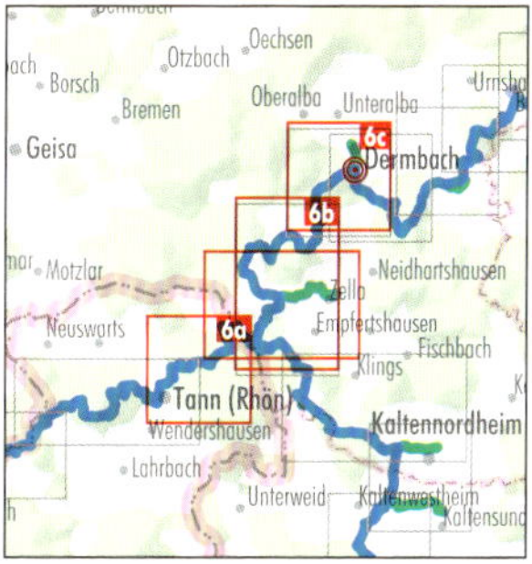

Aus dem Vulkangebirge in das Schichtstufenland

Nach Tann verläuft die Route zeitweilig auf einem Plattenweg, der an die ehemalige innerdeutsche Grenze erinnert. Bald darauf treffen sich West- und Ostroute des Hochrhöners und führen als eine Route nach Bad Salzungen. In Andenhausen beginnt der steile Aufstieg zum Katzenstein. Von der Terrasse des gleichnamigen Hotels bietet sich ein prächtiger Ausblick. Auf schmalem Pfad wandern Sie länger über Wiesen – naturnäher lässt sich ein Wanderweg kaum anlegen. Mit dem Gläserberg bei Föhlritz wird einer der schönsten Aussichtspunkte der Rhön erreicht. Dermbach lässt in seinem Zentrum mit Dorflinde, Tisch und Bank aus Stein und romantischem Vers vergangene Zeiten wieder lebendig werden.

Von Tann bestehen Busverbindungen nach Fulda sowie Bad Salzungen und Dermbach (Linien 20, 104).

Aussicht vom Gläserberg

Tann

Tann (s. S. 77)

1 0,0 Gehen Sie ausgehend vom Stadttor über den **Marktplatz**, dann auf der **Marktstraße** und dem **Steinweg** bis zum **Friedhof** ~ rechts auf den **Geriethweg**, gleich wieder links in den **Friedhofsweg** und vorbei am Friedhof ~ nach 250 m rechts aufsteigend ~ vorbei an einem **jüdischen Friedhof** und einer prächtigen Linde ~ auf dem geschotterten Fahrweg mit einigen Kehren bergauf und nach Dietgeshof, im Rückblick mit Aussicht auf den markanten Habelberg über Tann. **2** 2,3 Über die **L 3175** und vorbei an einer originellen Apfelweinstube.

Dietgeshof

Apfelweinstube, Dietgeshof 1, 06682/315, tögl. ab 10 Uhr. In herrlicher Lage können Sie Brotzeiten mit Apfelwein und Rindswurst genießen.

Gehen Sie weiter aufwärts in einer Allee, dann führt der Hochrhöner an Feldern und Wiesen vorbei.

Botanik am Wegesrand

An den Wegrändern sind Schlangenknöterich, Taubnesseln in verschiedenen Farben, Knöllchen-Steinbrech, Pestwurz, Trollblumen und Wald-Storchschnabel zu finden.

Sie queren den **Lauterbach** bei einem **Rastplatz** ~ es folgt ein geschotterter Weg. **3** 4,3 Biegen Sie an der Wegkreuzung links ab auf den befestigten Fahrweg, von diesem mit Ausblick zu den kuppenförmigen Bergen des Hessischen Kegelspieles ~ an der T-Kreuzung scharf rechts in den Feldweg, der dem Waldrand folgt ~

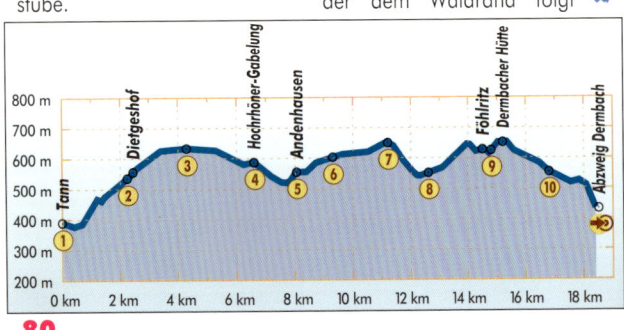

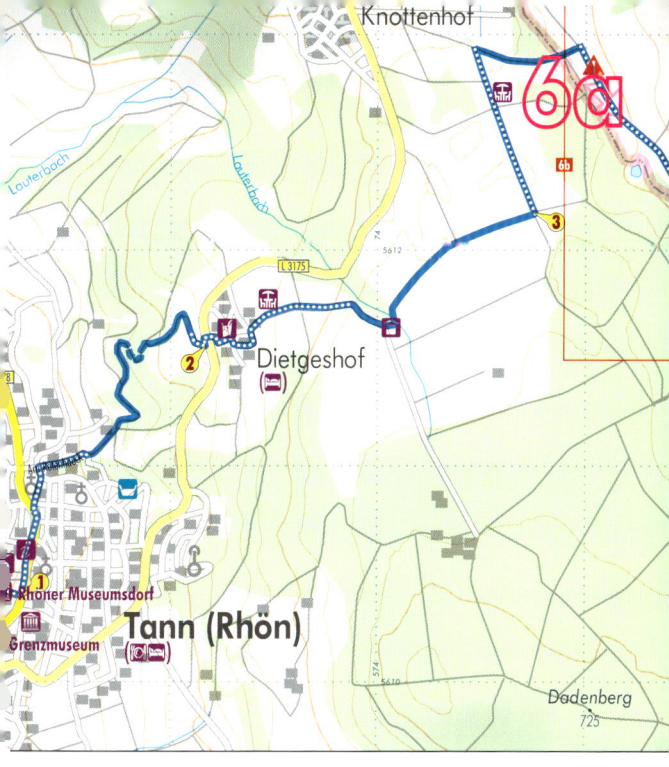

nach einer **Feldscheune** biegt die Route nach rechts ab und verläuft auf einem **Plattenweg** entlang der Grenze zwischen Thüringen und Hessen ~ ⚠ Vorsicht auf dem Plattenweg, man kann der Vertiefungen wegen leicht umknicken ~ durch eine abwechslungsreiche Landschaft mit Wiesen, Hecken, Bäumen und kleinen Gehölzen, dabei mit Ausblick ins Feldatal zur Kirche der Probstei von Zella ~ bis zum Rastplatz.

Apfelweinstube in Dietgeshof

Gefleckter Aronstab

> **TIPP** ⚠ An dieser Stelle treffen die beiden Hochrhöner-Varianten Kuppenrhön und Lange Rhön aufeinander und verlaufen, ab hier wieder eintrassig, als Hochrhöner bis Bad Salzungen.

4 **6,6** Am **Rastplatz**, wo von vorn die **Ostvariante des Hochrhöners** einmündet, scharf links ~ durch einen wasserreichen Talgrund mit Streuobstwiesen auf grasigem Weg hinab nach Andenhausen ~ am Ortsrand rechts, kurz danach links und aufwärts, über die **Tanner Straße** und auf der Straße **Kirchberg** aufsteigend an der **Kirche** vorbei.

Andenhausen

🅘 Kirche (1757), mit Fachwerk und schieferverkleidetem Turm

5 **8,1** An der T-Kreuzung rechts in die Straße **Berggarten** und zur **Umgehungsstraße** ~ auf dieser nur wenige Meter nach rechts, dann links ab und den Pfad hinauf zur Straße, die zum Hotel Katzenstein führt ~ vorbei an **Tierskulpturen**.

🅘 Katzenstein, Katzenstein 1, ✆ 036964/990. Auf der Terrasse des Hotels mit ihrer sehr guten Aussicht nach Norden gibt es ein allgemein zugängliches Fernrohr.

> **TIPP** Etwas abseits des Hochrhöners oberhalb des Hotels befindet sich der Katzenstein. Dieser ist gegenwärtig nur über den Hotelbereich nach Rückfrage im Hotel zugänglich.

> **AUSSTIEG** Vom Parkplatz des Hotels lässt sich nach 2,5 km die Bushaltestelle in Zella erreichen. Folgen Sie zunächst dem Wegweiser Brunnhartshausen/Zella, gehen an der ersten Weggabelung geradeaus und an der zweiten links nach Brunnhartshausen, dann rechts auf der Garten- bzw. Dorfstraße nach Zella und auf der Goethestraße zur Bushaltestelle.

🅐 Katzenstein, Fels aus Basaltsäulen. Mit Gipfelkreuz und herrlicher Aussicht.

Folgen Sie weiter dem großen Linksbogen der Straße ~ vorbei an einem ehemaligen Kasernengelände.

6 **9,3** Nach ca. 200 m zweigt der Hochrhöner halbrechts ab ~ nun

Katzenstein

6b

Dermbacher Hütte
Glasersberg
Steinberg
Föhlritz
Waltersberge
675
nsberg
660
Brunnhartshausen
Zella
Katzenstein
Andenhausen
Tanner Str.
Schmerbach
Sternbach
Zubringer Empfertshausen
Empfertshausen
Zubringer Empfertshausen
Horbel
665
Zubringer Klings

83

Föhlritz

ein längeres Stück auf schmalem Pfad über eine Weide, markiert durch Pfosten ↝ dann wandern Sie kurzzeitig auf der Landstraße rechts weiter ↝ in der Linkskurve beim Kreuz und dem **Rastplatz** rechts ab und auf einem Feldweg zum Waldrand, wo sich ebenfalls ein **Rastplatz** befindet.

7 11,2 Beim Rastplatz führt ein Pfad am Saum des Waldes abwärts zu einem breiten Weg, von dem der Gläserberg bereits zu sehen ist ↝ der Weg endet an der **Landstraße** von Zella nach Steinberg, wo Sie links abbiegen.

8 12,6 Nach 300 m rechts und zunächst entlang naturnaher Bachläufe ↝ folgen Sie auch auf der Straße dem weiten Rechtsbogen bis zum Sattel zwischen Waltersberg und Gläserberg ↝ kurz vor dem Wald der Linkskurve folgen, dann geradeaus vorbei oberhalb der **Aussichtshütte** ↝ weiter am Hang entlang oberhalb von Föhlritz.

Föhlritz

PLZ: 36452; Vorwahl: 036964

🏨 **Zum Hobbywirt**, Föhlritz 23, ✆ 93143

9 14,8 Schließlich führt ein Weg nach links auf den Höhenrücken und rechts weiter zum Gipfel des Gläserberges mit der Dermbacher Hütte und großartiger Aussicht.

Gläserberg (670 m)

🏨 **Dermbacher Hütte**, betrieben vom Rhönklub, ✆ 036964/8760 Bewirtschaftung nur So/Fei 10-17 Uhr, nicht Neujahr, Pfingstmontag und 1. Weihnachtsfeiertag. Sie ist mit ihrer berauschenden Aussicht einer der schönsten Plätze der ganzen Rhön.

In der Aussicht vom Gläserberg sind besonders auffällig das Werratal, der Pleß mit dem Turm und der Kamm des Thüringer Waldes mit seinen höchsten Erhebungen.

Auf einem Pfad steigen Sie über Wiesen und im Wald mit mehreren Kehren ab zu einem breiten Weg, wo Sie links gehen.

Geologie am Wegesrand

An diesem Ort entdeckte der Geologe Bücking 1915 in einem Wasseranriss im Muschelkalk Basalteinschlüsse der Gläserbergintrusion. Da Basaltschmelzen

Dermbacher Hütte auf dem Gläserberg

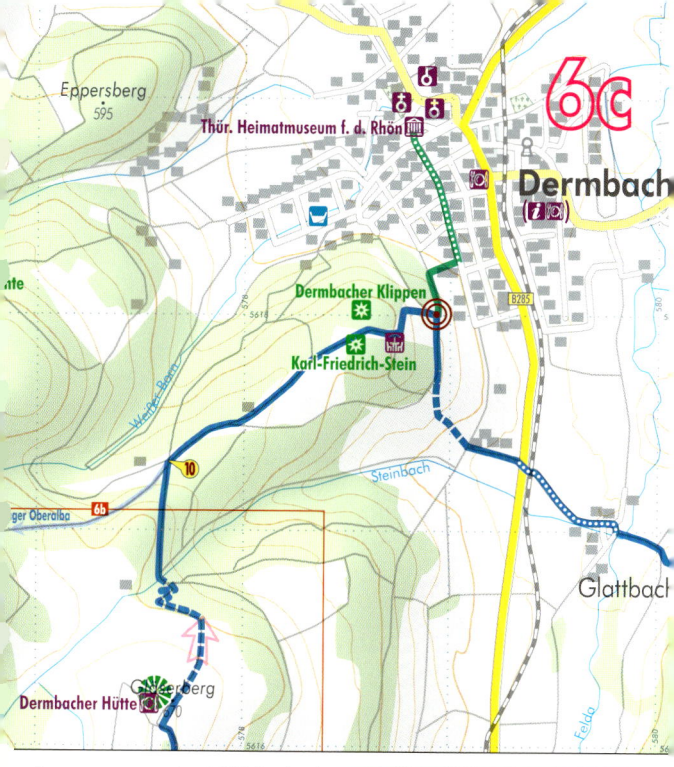

Temperaturen von über 1.000 Grad aufweisen, wurde durch Hitze und hohen Druck aus Muschelkalk Marmor.

Aus dem Wald heraus ~ an der Kreuzung mündet von links ein Zubringer von Oberalba ein.

10 **16,8** Der Hochrhöner führt rechts weiter durch Wiesen, auf denen sich im Mai ein bunter Blütenteppich ausbreitet ~ Sie passieren die Abbiegung zu den sehenswerten **Dermbacher Klippen**.

✳ **Dermbacher Klippen**. Von der Abtragung freigelegte Muschelkalkfelsen mit deutlicher Schichtung.

Nach dem **Karl-Friedrich-Stein** folgt ein Abstieg an einem **Pavillon** vorbei mit Kehren über Wiesen zu einer Weggabelung.

➲ **18,5** Der Hochrhöner führt rechts weiter in Richtung Glattbach und Bernshausen.

85

AUSSTIEG Ins Zentrum von Dermbach sind es von hier aus ca. 15 min.

Zugang nach Dermbach   1 km
Folgen Sie an der Weggabelung links der grünen Markierung des Zubringers ~ 🏠 Sie erreichen die **Rödestraße** und gehen hier links.

TIPP Zum Hotel Rhönpaulus gehen Sie von der Rödestraße rechts auf der **Waldstraße** und an der B 285 links.
Zur Ortsmitte folgen Sie immer der **Rödestraße**, später **Schlossbergstraße** zum historischen Ortskern mit der Touristinfo.

Dermbach
PLZ: 36466; Vorwahl: 036964

- 🛈 **Tourismusbüro im Museum**, Kirchberg 5, ✆ 8760
- 🏨 **Zum Rhönpaulus**, Bahnhofstr. 21, ✆ 82234
- 🏨 **Zur Klause**, Bahnhofstr. 5, ✆ 82379
- 🏛 **Thür. Heimatmuseum für die Rhön**, Kirchberg 5, ✆ 86286, ÖZ: Di-Sa 9-17 Uhr, So/Fei 14-17 Uhr, Nov.-Dez., Mo-Sa 9-17 Uhr. Die Attraktion des Museums ist ein Eichenkasten, der als Gefängnis für den legendären Räuber „Rhönpaulus" diente.
- ⛪ **Ev. Kirche** (1707), neben der kath. Kirche und dem Schloss Teil des Dermbacher Barockensembles.
- ⛪ Die im Spätbarock erbaute **kath. Kirche St. Peter und Paul** (1736) wurde in den vergangenen Jahren umfassend restauriert.
- ⛪ **Dermbacher Schloss** (1707) entstanden mit der Übernahme des Amtes durch Fulda

In Dermbach

und dem Wunsch des damaligen Fürstabtes, Dermbach eine ansprechende Residenz als Sitz für die Amtsverwaltung zu geben.

Der Ort liegt im Feldatal im Biosphärenreservat Rhön und wurde 1186 erstmals urkundlich erwähnt. Dermbach bietet einen schönen alten Ortskern mit Fachwerkhäusern, zwei Kirchen, einem Schloss und Museum. Die katholische Kirche von 1736 gilt als eine der schönsten Spätbarockkirchen im Osten Deutschlands. Im Inneren sind der Hochaltar, die Kanzel, das Gestühl und eine Wappentafel sehenswert. Die evangelische Kirche hat neben ihrem mittelalterlichen Turm ebenfalls ein barockes Schiff. Das Schloss der Fürstäbte von Fulda stammt aus dem Jahr 1707. Das neben der evangelischen Kirche befindliche Museum zeigt die Kultur- und Sozialgeschichte der Rhön. Unter einer Linde befinden sich ein Tisch mit Bank aus Stein, sowie eine Tafel mit einer zum Nachdenken anregenden Inschrift.

TIPP Die Fortsetzung von Dermbach weiter nach Bad Salzungen finden Sie ab S. 116.

Etappe 7 — 21,2 km
Von Oberweißenbrunn nach Birx (Ostroute Lange Rhön)

Start: Oberweißenbrunn
Ziel: Abzweig Birx
Gehzeit: 6¼ Std. **Aufstieg:** 622 m **Abstieg:** 474 m
Hartbelag: 7 % **Wanderwege:** 64 % **Wanderpfade:** 29 %

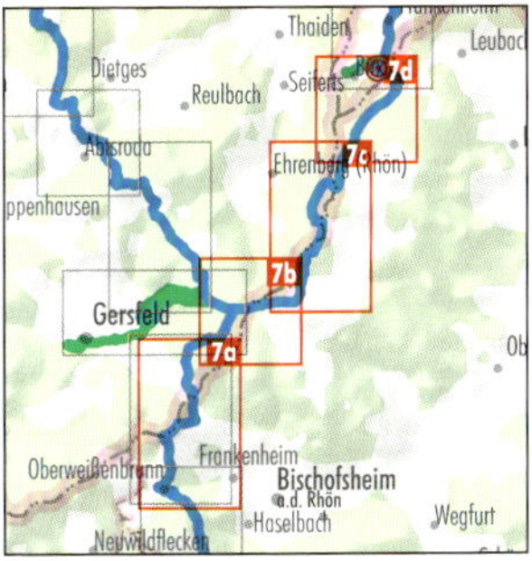

„O, schaurig ist's übers Moor zu gehen ..."

So schrieb Annette von Droste-Hülshoff in ihrem Gedicht „Der Knabe im Moor". Das kann auch in den Mooren der Rhön zutreffen, wenn graue Nebel die Sicht verschleiern oder Regen und Graupel vom kalten Wind getrieben werden und den Wanderer nicht eben streicheln. An vielen anderen Tagen leuchten die vielen Birken im Grün und die Wollgräser wiegen sich im leichten Wind. Eines ist sicher – eine Wanderung über die Hochflächen der Rhön mit ihren Mooren ist immer ein großes Outdoorerlebnis. Zusätzlich bietet diese Etappe herrliche Ausblicke, z. B. vom Himmeldunkberg oder hinter der Hochrhöner-Gabelung während des Aufstiegs auf den Heidelstein, dann auf dem anschließenden Weg zum Schwarzen Moor und nicht zuletzt vom Grabenberg an der einstigen innerdeutschen Grenze.

Wollen Sie erst an der Hochrhöner-Gabelung beim Roten Moor in eine der Routen des Hochrhöners einsteigen, gibt es einen Zubringer vom Bhf. Gersfeld, der ab S. 50 beschrieben wird.

Auf dem Himmeldunkberg

Oberweißenbrunn (s. S. 46)

1 **0,0** Von der **Bushaltestelle** unterhalb der Kirche gehen Sie kurz entlang der **Geigensteinstraße** in Richtung Ortsmitte, dann rechts in die **Mühlackerstraße** bald wieder links in den **Rockensteinweg** und aus dem Ort ~ Sie steigen hinauf zum Himmeldunkberg ~ der Weg führt zunächst zwischen Sträuchern, dann über Wiesen mit prächtigem Rückblick zum Kreuzberg und Arnsberg ~ am Rockensteingipfel rechts vorbei.

2 **2,1** Oben vor dem Waldrand gehen Sie rechts ~ auf dem Gipfel des **Himmeldunkberges** befindet sich ein **Rastplatz**, von dem die Aussicht noch besser ist.

AUSSICHT Ein schmaler etwa in Südost-Richtung führender Pfad abseits der Route erweitert die Aussicht nochmals. Man blickt hier u. a. über das tief liegende Bischofsheim und das Grabfeld bis zu den Hassbergen.

Weiter durch Fichtenwald vorbei an Grenzsteinen von 1872.

Grenzlinien

Das Königreich Bayern (KB) grenzte hier an das Königreich Preußen (KP). Heute verläuft an dieser Stelle die Grenze zwischen den Bundesländern Bayern und Hessen.

Zweigen Sie an der Weggabelung bei der **Hütte Hohe Hölle** rechts ab und steigen über prächtige Bergwiesen ab, dabei mit Sicht auf die Gleichberge und dahinter den Kamm des Thüringer Waldes.

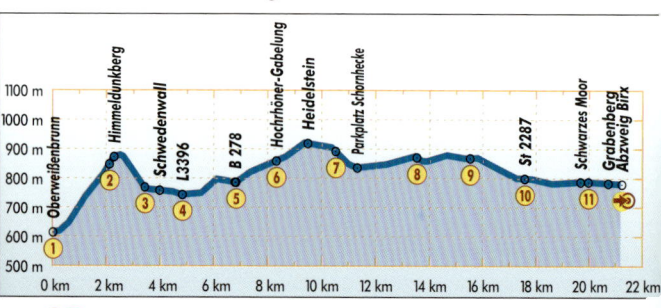

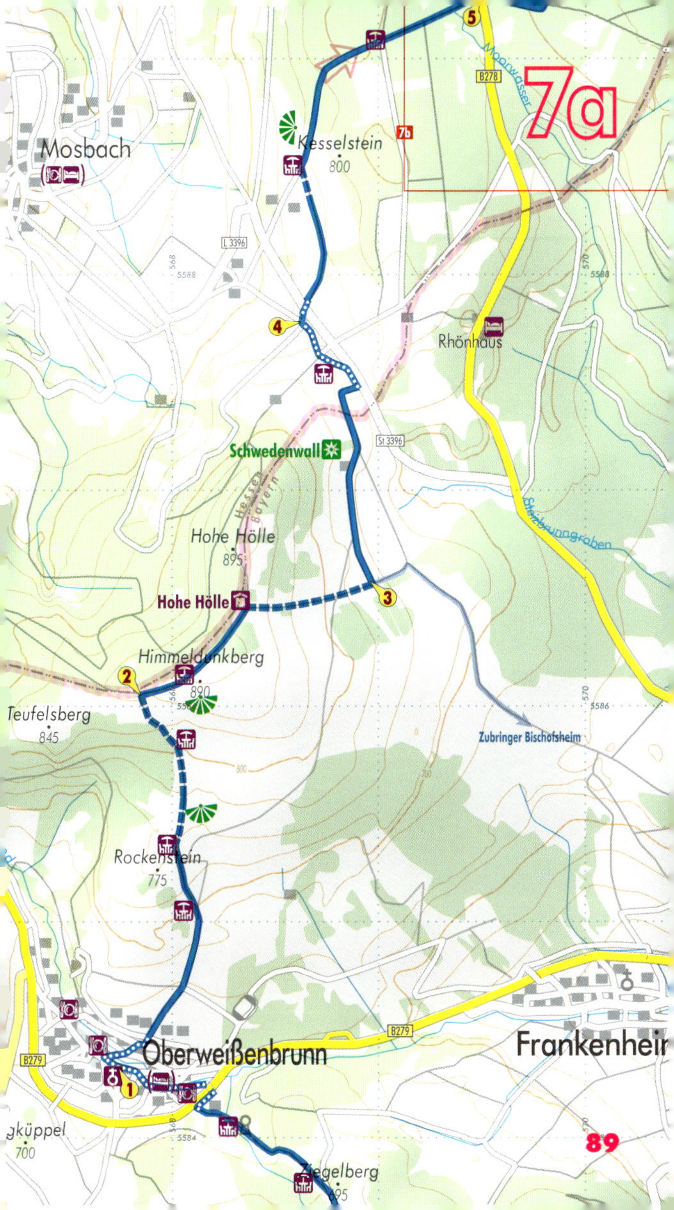

7a
7b
5
4
3
2
1
B278
Moorwasser
Mosbach
Kesselstein
800
L 3396
568
5588
570
Rhönhaus
St 3396
Schwedenwall
Hessen
Bayern
Hohe Hölle
895
Hohe Hölle
Himmeldunkberg
890
Teufelsberg
845
5586
Zubringer Bischofsheim
Rockenstein
775
800
700
B279
B279
Oberweißenbrunn
Frankenheim
5584
700
Ziegelberg
695

Kulturlandschaft Rhön

Die herrlichen Fernsichten der Rhön führten zu dem sehr begründeten Begriff „Land der offenen Fernen". Man sollte dabei nicht vergessen, dass die Bergwiesen durch die Beweidung mit Schafen und vor allem durch die jährlichen Schnitte waldfrei gehalten worden sind. Nur durch die Tätigkeit des Menschen kann die Rhön in ihrer heutigen Schönheit erhalten bleiben.

Aufstieg zum Heidelstein

3 3,4 Nach dem Abstieg links auf den Pfad, geradeaus führt ein Zubringer nach Bischofsheim ~ über den Schwedenwall.

Schwedenwall

Bereits im Mittelalter bestand hier eine Grenzbefestigung. Sie wurde von den Schweden während des Dreißigjährigen Krieges übernommen und ausgebaut, um die Pass-Straße über die Rhön zwischen Gersfeld und Bischofsheim zu sichern.

Hier und über den Berg Hohe Hölle verläuft auch die Wasserscheide zwischen Fulda und Main.

Weiter zur Straße **St 3396**, dieser kurz folgen und am **Parkplatz** vorbei.

4 4,8 An der Kreuzung rechts und über die L 3396 ~ wieder über Bergwiesen, am Hang des Kesselsteins entlang mit Ausblicken zu den Nallenbergen und nach Gersfeld ~ dann im weiten Rechtsbogen auf der Forststraße durch den Wald.

5 6,8 Über die **B 278** und wenig später links aufwärts ~ bis zur Kreuzung an der **Schutzhütte**.

6 8,3 An der Kreuzung trennen sich die beiden Strecken des Hochrhöners.

Hochrhöner-Gabelung

PLANUNG An dieser Stelle folgen Sie der östlichen Route „Lange Rhön", die rechts hinauf zum Heidelstein führt. Nach links zweigt die Westvariante „Kuppenrhön" ab, die zugehörige Beschreibung finden Sie ggf. ab S. 50.

Gehen Sie an der Weggabelung östlich vom **Haus am Roten Moor**, wo sich **Rastplatz** und Schutzhütte befinden, rechts auf breitem Forstweg in Richtung Heidelstein ~ nach einer Wegkreuzung auf grasigem Weg weiter aufwärts ~ nach Verlassen des Waldes ist bereits der **Sendeturm** am Gipfel des Heidelsteins zu sehen ~ durch prächtige Bergwiesen mit sehr guter Aussicht von Nordwest bis Süd.

Gipfel im Umkreis

Von hier sehen Sie die Wasserkuppe mit dem Radom, links davon in der Ferne der Vogelsberg, näher den Nallenberg bei Gersfeld, ferner den Himmeldunkberg, den Kreuzberg und bei guter Sicht links davon in Südsüdost-Richtung den ca. 80 Kilometer entfernten Steigerwald.

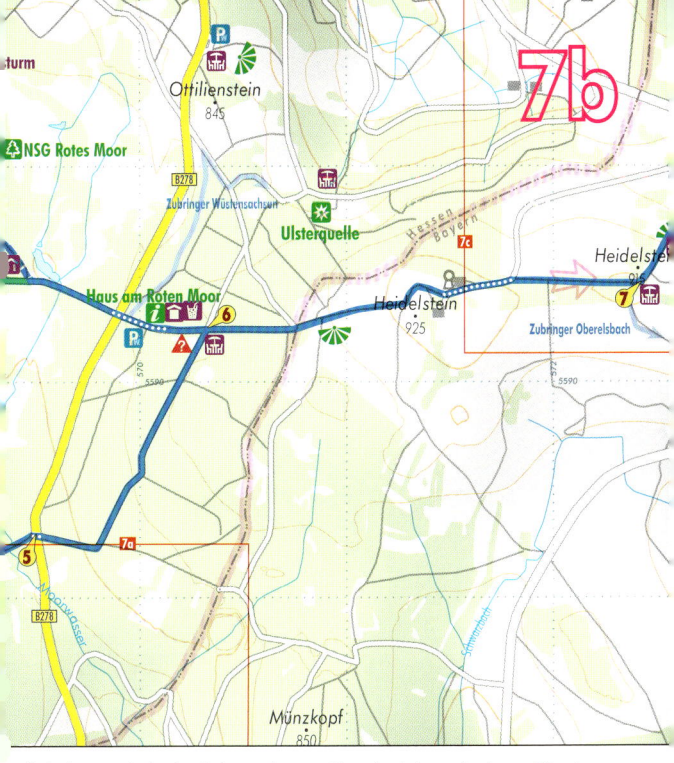

Am Gipfel führt der Weg links um die Sendeanlage herum.

Heidelstein (913 m)

Der Gipfelbereich des Heidelsteins wird auch als Schwabenhimmel bezeichnet.

Sie passieren eine **Skulptur** und steigen auf befestigter Zufahrt zu einer Weggabelung wieder ab ~ nach Aussicht zum Hessischen Kegelspiel und dem Thüringer Wald verlassen Sie die Straße und gehen geradeaus auf einem Wanderweg weiter.

Waldstorchschnabel am Heidelstein

Rhönschafe

Botanik am Wegesrand

Im Juni treffen Sie hier auf die Bergflockenblume mit ihren großen blauen Randblüten.

Vorbei an einem weiteren Sendeturm.

7 **10,5** An der Felsklippe vorbei an der **Totengedenkstätte** des Rhönklubs, hier zweigt rechts ein Zubringer nach Oberelsbach ab ~ weiter Richtung Schwarzes Moor über herrliche Bergwiesen abwärts.

Botanik am Wegesrand

Über Waldstorchschnabel und Schlangenknöterich wachsen auch einzelne Vogelbeerbäume, Weißdornsträucher und Fichten, sodass man an die Waldgrenze höherer Gebirge erinnert wird. In der Tat ist die gedrungene Form der Bäume und Sträucher auch auf den Verbiss der weidenden Tiere zurückzuführen.

Anschließend wird in einer Senke die St 2286 gequert und Sie erreichen hinter dem **Parkplatz** mit **Schutzhütte** das Waldgebiet Schornhecke ~ an dessen Ende wandern Sie durch mooriges Gebiet ~ nach kurzer Waldpassage am Waldrand entlang ~ von hier bieten sich sehr schöne Blicke zu Milseburg, Wasserkuppe und dem nahe gelegenen Steinkopf mit seinem Blockmeer.

8 **13,5** An einer Weggabelung mündet von rechts ein Zubringer vom Rhön-Park-Hotel ein, gehen Sie dort links über Wiesen, dann rechts weiter und über einen Bach ~ nach einem Ausblick auf das unterhalb der Wasserkuppe liegende Wüstensachsen durch Fichtenwald ~ an der Weggabelung rechts, links führt ein Zubringer nach Ehrenberg und Wüstensachsen.

9 **15,5** Folgen Sie am **Melperser Rasenberg** dem Wegweiser Schwarzes Moor nach links ~ nach einer weiteren Weggabelung führt der Weg am Waldrand entlang, mit Blick ins Ulstertal und seinen Ortschaften ~ im Nordwesten ist das Hessische Kegelspiel zu sehen ~ der Abstieg übers Haberfeld führt zur **St 2287**.

10 **17,6** Überqueren Sie die Straße und wandern rechts nahe der Straße weiter auf einem Pfad ~

Im schwarzen Moor

7c

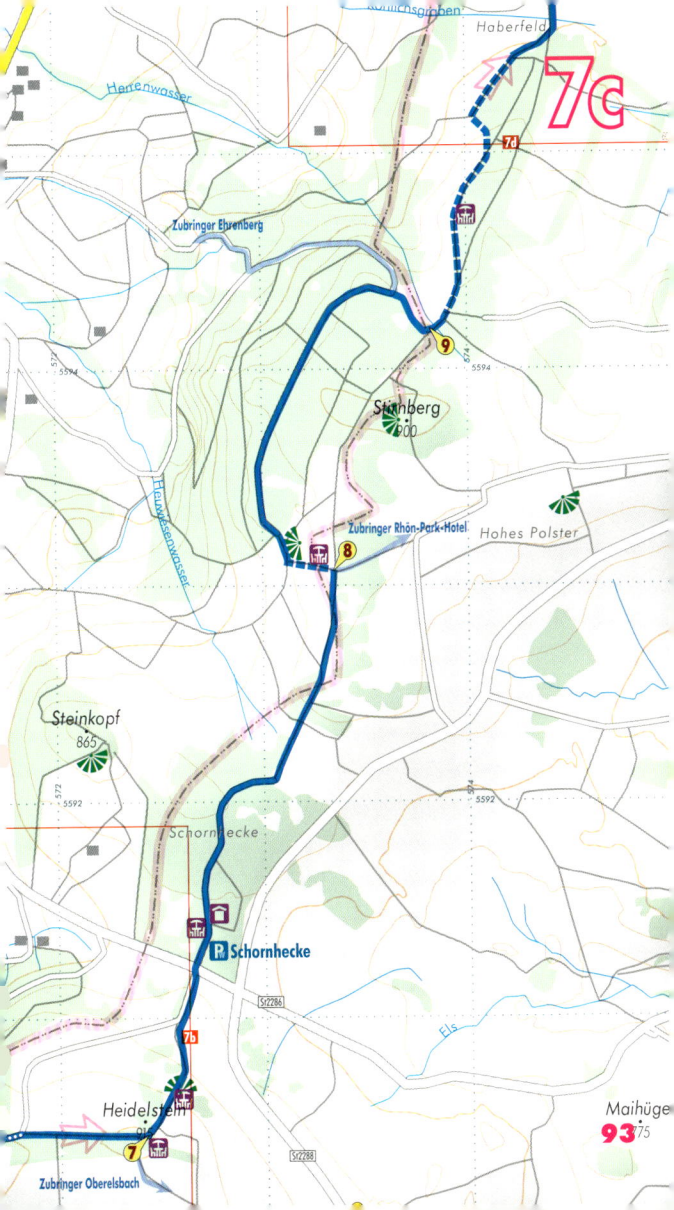

Haberfeld

Zubringer Ehrenberg

Steinberg
900

Zubringer Rhön-Park-Hotel

Hohes Polster

Steinkopf
865

Schornhecke

Schornhecke

Heidelstein

Zubringer Oberelsbach

Maihüge

93

Auf dem Weg zum Schwarzen Moor

von links mündet ein Zubringer von Seiferts ein ~ geradeaus weiter ~ nach gut 1 km erreichen Sie das Schwarze Moor, wo auch ein Zubringer von Fladungen einmündet.

Schwarzes Moor (s. S. 96)

- Informationszentrum „Haus der Langen Rhön", Unterelsbacher Str. 4, ☏ 09774/910260. Mit Rastplatz und Kiosk mit Speisen- und Getränkeangebot.
- Rundweg auf dem Bohlensteg. Auf 2,7 km erfahren Sie alles über diese reizvolle, farbenprächtige Landschaft. Vom Aussichtsturm blicken Sie nicht nur über das Moor, sondern auch weit in die Ferne.

Das Schwarze Moor ist das größte Hochmoor der Rhön (67 Hektar). In dem Naturschutzgebiet lassen sich seltene und wichtige Moorpflanzen wie etwa Sonnentau, Fettkraut, gewöhnliche Moosbeere oder Wollgras entdecken.

Folgen Sie dem Hochrhöner zunächst auf befestigtem Weg nach links.

11 19,9 Kurz darauf rechts und auf dem Bohlenpfad über die Wiesen.

> **TIPP:** An der T-Kreuzung können Sie rechts den **Aussichtspunkt Grabenberg** besteigen und zu einer Infotafel über die ehemalige innerdeutsche Grenze gehen.

Grabenberg (795 m)

Auf dem Grabenberg stehen ein ehemaliger Grenzturm sowie Überreste der ehemaligen Grenzbefestigung.

Weiter auf dem Plattenweg abwärts, dann rechts und an einem Wäldchen vorbei.

Botanik am Wegesrand

Entlang des Plattenweges wachsen zahlreiche etwa Anfang Juli blühende Türkenbundlilien. Die wunderschöne, geschützte Pflanze mit ihren nach außen gerollten Blütenhüllblättern hat eine eurosibirische Verbreitung und ist die einzige in Deutschland wild vorkommende Lilie. Etwa zur selben Zeit blüht hier die Pfirsichblättrige Glockenblume mit ihren großen blauen Blüten.

21,2 Am Ende des Wäldchens biegt rechts der Hochrhöner nach Frankenheim ab.

Grenzturm am Grabenberg

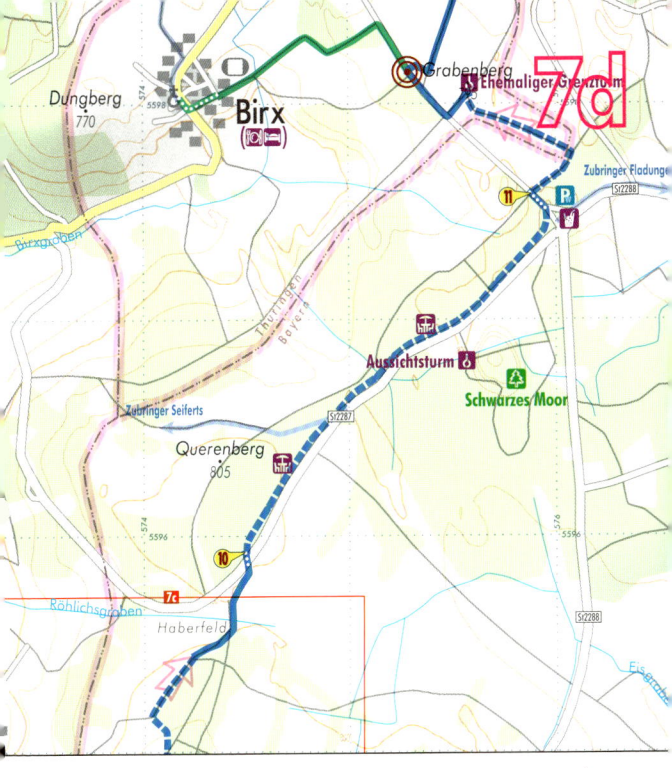

AUSSTIEG Von hier ist es noch ein reichlicher Kilometer bis nach Birx.

Zugang nach Birx *1,3 km*
Gehen Sie beim Abzweig nach Frankenheim weiter geradeaus auf einem Fahrweg ~ wenig später links und hinab durch ein Wäldchen ~ dahinter wandern Sie durch Wiesen mit Lesesteinen ~ nach einem Weiher am Ortsbeginn Rechts-Links-Wegebiegung und zur **Hauptstraße** gegenüber der **Kirche** ~ links gelangen Sie nach wenigen Metern zum Gasthaus Flechsenberger Hof.

Birx
PLZ: 98634; Vorwahl: 036946
- Flechsenberger Hof, Seifertser Str. 18, ✆ 32110, ÖZ: Do-Di
- Rhönstübchen, Seifertser Str. 3, ✆ 31300, ÖZ: Di, Fr ab 16.30 Uhr, Mi ab 12 Uhr, Sa, So ab 11 Uhr

Moore der Rhön: Das Schwarze Moor

Aussichtsturm im Moor

Das Schwarze Moor erstreckt sich über 67 Hektar in der Bayerischen Rhön, nahe an der Grenze zu Hessen und Thüringen. Es ist das größte Moor der Rhön und eines der bedeutendsten in Mitteleuropa. Deshalb gehört es zur Kernzone des Biosphärenreservats der Rhön und zu den 100 schönsten Geotopen Bayerns. Das Schwarze Moor erfüllt in etwa 780 Meter Höhe eine Hangmulde unterhalb des Querenberges. Die Entwässerung erfolgt nach Süden über die zum Main orientierte Streu und nach Norden über die Ulster in Richtung Werra. Dadurch befindet sich im Moor die Wasserscheide zwischen dem Rhein und der Weser, die jedoch beide zur Nordsee fließen. Das Schwarze Moor weist besonders viele Vertiefungen auf. Die länglichen Flarken bilden sich, wie die Risse im Gletschereis, durch Bewegungen des Moores. Die auch als Mooraugen bezeichneten rundlichen Kolke haben eine Fläche bis 500 Quadratmeter und eine Tiefe bis 2,5 Meter. Entstehung, Gliederung und Pflanzenbestand des Schwarzen Moores entsprechen etwa dem des kleineren Roten Moores. Aus der reichhaltigen Tierwelt sind Raritäten aus den Gruppe der Schmetterlinge und Libellen, sowie die Birkhühner besonders zu erwähnen. Diese sind außerhalb der Alpen vom Aussterben bedroht und deshalb hier unter besonderen Schutz gestellt worden. Für den interessierten Wanderer ist das Schwarze Moor durch einen 2,2 Kilometer langen Bohlensteg mit zahlreichen Informationstafeln und einem Aussichtsturm vorbildlich erschlossen. Der Name „Schwarzes Moor" geht auf Untersuchungen eines Naturforschers zu Beginn des 19. Jahrhunderts zurück. Dieser beobachtete, dass das auch im Roten Moor vorkommende rote Torfmoos im Schwarzen Moor wegen der hier größeren Feuchtigkeit schneller verdirbt und dabei schwarz wird.

Neben Kreuzberg und Wasserkuppe ist das Schwarze Moor das beliebteste Ausflugsziel der Rhön.

Plankenpfad durchs Schwarze Moor

Etappe 8

14,4 km

Von Birx nach Kaltennordheim (Ostroute Lange Rhön)

Start: **Abzweig Birx**
Ziel: **Abzweig Kaltennordheim**

Gehzeit: **4 Std.** *Aufstieg:* **163 m** *Abstieg:* **428 m**
Hartbelag: **8 %** *Wanderwege:* **46 %** *Wanderpfade:* **46 %**

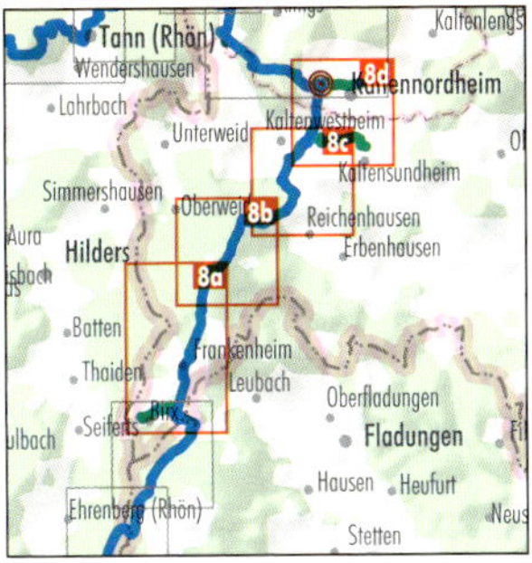

Am Nordostrand der Rhön

Auf dieser Etappe führt die Route über ausgedehnte Bergwiesen, die teilweise von Felsbrocken verschiedener Größe bedeckt sind, Zeugnissen aus dem Eiszeitalter, als die Rhön zwar nicht vergletschert war, jedoch im Bereich des Tundrenklimas lag. Doch man wandert auch durch Waldgebiete und an Waldrändern entlang. Im Lahrbachtal vor Kaltenwestheim geht es auf schmalen Pfaden mitten durch blühende Wiesen. Schöner kann man einen Wanderweg nicht mehr anlegen. Höhepunkt der Tour ist der 813 Meter hohe Ellenbogen mit seiner großartigen Aussicht auf die umgebenden Berge und in die Ferne z. B. zum Inselsberg im Thüringer Wald und bei entsprechendem Wetter bis zum Großen Meißner. Auch das stilvolle Berghotel „Eisenacher Haus", einst eine bescheidene Schutzhütte, werden die Wanderer zu schätzen wissen.

Blick vom Grabenberg

In Birx

Birx
Zugang zum Hochrhöner   1,3 km
Ausgehend vom Gasthaus Flechsenberger Hof gehen Sie auf der Hauptstraße aufwärts zu einer Weggabelung bei der **Kirche**, geradeaus führt ein Zubringer nach Hilders und rechts in Richtung Grabenberg ~ nach der Rechts-Links-Wegeabbiegung und einem Weiher wandern Sie an Lesesteinen entlang zu einem Wäldchen hinauf ~ zunächst am Waldrand entlang, dann links durch den Wald ~ am breiten Weg gehen Sie rechts ~ am Hochrhöner-Abzweig gehen Sie links Richtung Frankenheim.

TIPP: Geradeaus geht es zum Aussichtspunkt auf dem Grabenberg und zum Schwarzen Moor.

1 ⁰,⁰ Zweigen Sie Richtung Frankenheim ab ~ nach zwei Kehren auf dem Pfad entlang einer Baumreihe abwärts neben steinigen Wiesen, mit Aussicht auf den Thüringer Wald ~ links ab und kurz auf einem Plattenweg, dann wieder rechts ~ am Ortsbeginn von Frankenheim über die Straße Untere Ecke und den Leubach und etwas hinauf.

Frankenheim
PLZ:98634; Vorwahl: 036946
- **ℹ** Gemeinde Frankenheim, ☎ 31610
- 🛏 Schweinebucht, Angerweg 20, ☎ 32036
- 🛏 Dietzel, Leubacherstr. 22, ☎ 32207
- 🛏 Am Brunnen, ☎ 32235
- ✷ Heilkräutergarten, ÖZ: Mai-Okt. ganztägig. Hier lassen sich heimische Pflanzen und Heilkräuter sowie deren Wirkung erkunden. Infos bei der Gemeinde Frankenheim.
- ✷ Barfuß-Panoramaweg. Auf 3 km lässt sich die Rhön ohne Strümpfe und Schuhe erleben, u. a. auf körnigem Sand, weichem Moos oder kitzelnden Rindenmulch. Infos bei der Gemeinde Frankenheim.

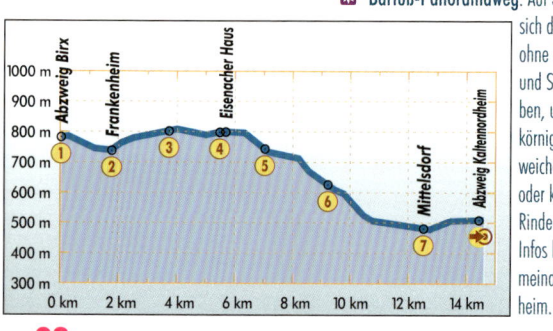

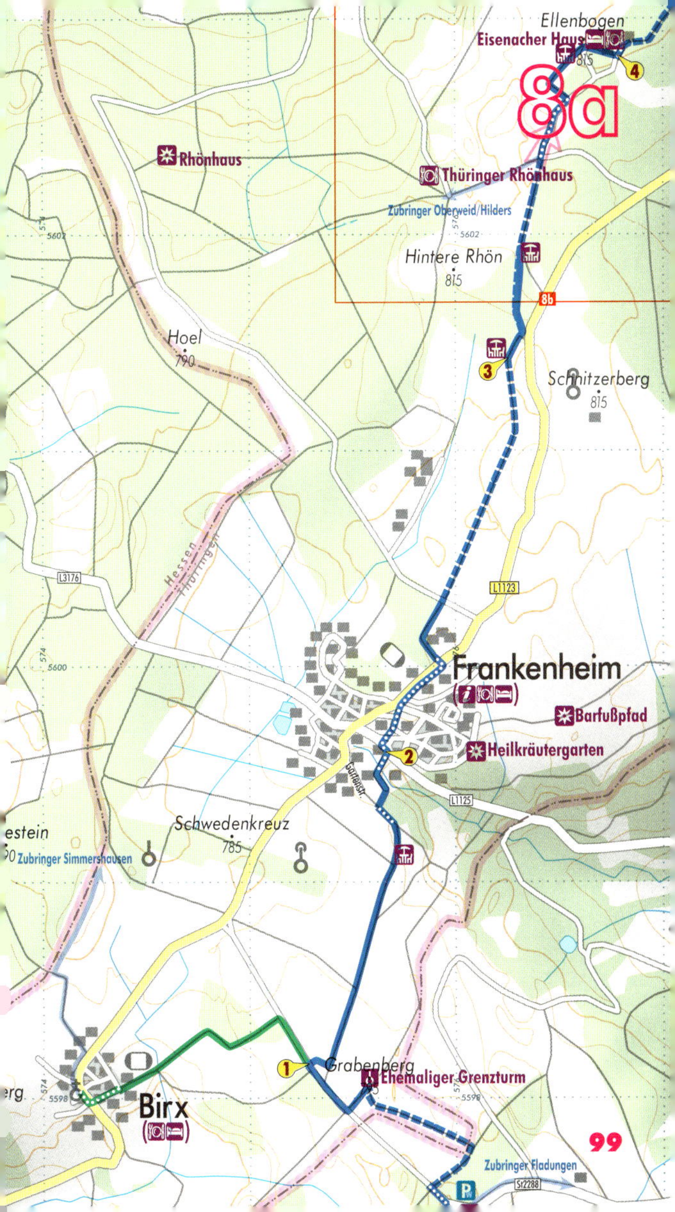

8a

Ellenbogen
Eisenacher Haus 815 ④

Rhönhaus

Thüringer Rhönhaus
Zubringer Oberweid/Hilders

Hintere Rhön
815

8b

③

Schnitzerberg
815

Hoel
790

L1123

Frankenheim
Barfußpfad
Heilkräutergarten
②

Schwedenkreuz
785

L1125

Zubringer Simmershausen

① Grabenberg
Ehemaliger Grenzturm

Birx

99

Zubringer Fladungen

Unterwegs nach Frankenheim

🌼 **Naturerlebnispark „Am Hählwald"** zwischen Heilkräutergarten und Barfuß-Panoramaweg. Mit vielen Informationen zu Fauna, Flora und Geologie der Rhön.

Das „gesunde Dorf" Frankenheim liegt in Thüringen, nahe der Grenzen zu Bayern und Hessen in einer Höhe zwischen 750 und 780 Meter, womit es sich um das höchstgelegene Dorf der Rhön handelt. Auf Grund seine Lage war es im Mittelalter Streitobjekt zwischen den in der Rhön begüterten Herrschaften, den Bistümern Fulda und Würzburg sowie den Herrn von der Tann und den Grafen von Henneberg. Auf Grund der ungünstigen Bedingungen für die Landwirtschaft war hier die handwerkliche Produktion verschiedener Gegenstände stark ausgeprägt. Die Kirche wurde im 19. Jahrhundert erbaut.

❷ 1,7 Wenig später über die **L 1125** und neben der **Kirche** weiter hinauf auf **Treppen** 〰 an der **L 1123** rechts, nach 250 m im Bereich des **Gewerbegebiets** links ab ✈ und am Waldrand entlang 〰 nach Querung einer Straße verläuft der Weg über ein Weidegebiet 〰 etwa 300 m rechts des Weges befindet sich der Schnitzersberg mit einem Sendeturm, mit 815 m höchster Berg der Thüringer Rhön.

Zur Rhöner Vogelwelt

In diesem Gebiet kann man häufig den Rotmilan mit seinem tief gegabelten, rotbraunen Schwanz im Flug beobachten.

❸ 3,7 Sie erreichen den Waldrand mit einem überdachten **Rastplatz** 〰 nach einer Waldpassage wieder am Waldrand entlang, dabei mit Aussicht nach Nordwesten zum dicht bewaldeten Auers-Berg 〰 über die Straße und vorbei am überdachten **Rastplatz**.

AUSFLUG Am Rastplatz führt ein Zubringer nach links zum **Thüringer Rhönhaus** und weiter nach Oberweid, Hilders oder Simmershausen.

🏠 **Thüringer Rhönhaus**, Thüringer Rhönhausstr. 1, ☎ 036946/32060, rustikaler Berg-Gasthof mit Biergarten

Geradeaus weiter, dann links um ein Waldgebiet und zur Wegkreuzung am **Ellenbogen**, dessen aussichtsreiche Kuppe sich wenige Meter neben dem Hochrhöner befindet 〰 auf der Kuppe befinden sich ein **Rastplatz** und eine Panoramatafel.

Ellenbogen (813 m)

Von Südwest bis Westnordwest sieht man Wasserkuppe, Milseburg und den dicht bewaldeten Auersberg, im Norden in der Ferne den Baier und näher den Gläser-Berg. Im Nordosten erblickt man den Turm auf dem Pleß und dahinter den Kamm des Thüringer Waldes mit dem Inselsberg.

Ausgehend von der Wegkreuzung rechts zum Hotel Eisenacher Haus.

Eisenacher Haus, Frankenheimer Str. 84, ✆ 036946/30233

4 **5,5** Am Eisenacher Haus biegen Sie links ab, gehen am Hotel vorbei und betreten wieder den Wald ~ bald steiler hinab.

Botanik am Wegesrand

In diesem Waldgebiet sollen im Juni der hochgiftige, gelbe Wolfs-

eisenhut und die Türkenbundlilie vorkommen.

5 **7,0** Am Waldrand vorbei am **Rastplatz** mit Aussicht nach Osten ~ wieder in den Wald hinein, dann an der Weggabelung geradeaus ~ weiter im weiten Rechtsbogen ~ durch streckenweise sehr lockeren Wald.

Rastplatz Ellenbogen

Botanik am Wegesrand

An den Wegrändern blüht Echter Baldrian mit seinen schirmförmigen rosa Blütenständen, Weißes Mädesüß mit seinen stark geteilten Blättern und die zartviolette Waldwicke. Nach einem **Rastplatz** am aussichtsreichen Waldrand weiter im Wald, an einem Aufschluss wird sichtbar, dass hier der Muschelkalk beginnt ~ kurz danach erreicht man eine Wacholderheide.

Botanik am Wegesrand

Man findet hier im Juli die Zypressenwolfsmilch (gelb), das Sonnenröschen (gelb), die Pfirsichblättrige Glockenblume (blau), den Hauhechel (rosa), die Große Brunelle (blau) und den Klappertopf (gelb).

6 **9,2** Im Bereich der Wacholderheide biegt der Hochrhöner nach links ab und verlässt auf dieser Etappe endgültig den Wald ~ es folgt ein Abstieg über Wiesen und vorbei an Getreidefeldern ins Tal des **Lahrbaches** ~ rechts am Bach entlang und bald nach dessen Querung über die Straße von Mittelsdorf nach Kaltenwestheim ~ nach einer Rechts-Links-Wegebiegung gelangen Sie zu einem Zubringer nach Kaltenwestheim.

7 **12,5** Nach zwei weiteren Wegebiegungen erreichen Sie bei der **Stedtenmühle** einen Abzweig und einen **Rastplatz**.

AUSSTIEG Rechts können Sie auf einem Zubringer in 2,5 km nach Kaltensundheim gelangen.

Eisenacher Haus

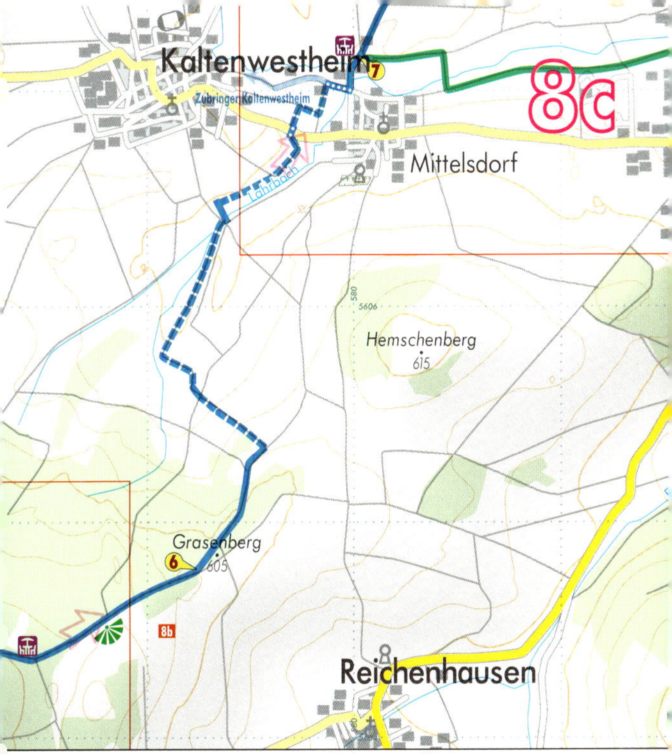

Zuweg Kaltensundheim 2,5 km

Gehen Sie am **Rastplatz** rechts ~ nach 400 m rechts, über den Bach Lotte und kurz darauf links ~ über zwei Wegkreuzungen ~ im weiten Rechtsbogen um das **Gewerbegebiet** herum ~ noch vor den ersten Häusern links in den Feldweg, dann über die **Felda** und bis zur Straße **Pförtchen** bzw. **B 285** ~ rechts bis zur mächtigen Kirchenburg und etwas weiter zum Gasthaus.

Kaltensundheim

PLZ: 98634; Vorwahl: 036946

- **Gasthaus Zur guten Quelle**, Unter der Linde 1, ✆ 3850, ÖZ: Di, Mi, So 10-22 Uhr, Do-Sa bis 1 Uhr
- Die gotische **Wehrkirche** (1604) steht auf der höchsten Stelle des Ortes auf den Resten einer einstigen Burg.
- **Dorfmuseum** im ehem. Backhaus (1704), Bachg. 6, ✆ 036946/20796, ÖZ: Do 14-16 Uhr u. auf Anfrage

Auf der Hauptroute führt der Hochrhöner vom Rastplatz gera-

Kirchenburg Kaltensundheim

deaus weiter nach Andenhausen ~ über Wiesen wandern Sie aufwärts, mit Blick auf den Umpfen mit seinem Sendeturm im Nordosten, davor Kaltennordheim im Feldatal.

Botanik am Wegesrand

Die Wegränder leuchten im Sommer in allen Farben, weißgelb die Geruchlose Kamille, dunkelblau Kornblumen und Vogelwicke, hellblau die Wegwarte und rot der Mohn. In den Sinn kommen einem Theodor Fontanes Verse „An einem Sommermorgen, da nimm den Wanderstab, es fallen deine Sorgen wie Nebel von dir ab ..."

Geologie am Wegesrand

Die Lesesteine weisen darauf hin, dass man sich nicht mehr im Bereich der vulkanischen Gesteine befindet.

Sie erreichen eine Weggabelung mit **Rastplatz** und Panoramatafel.

AUSSTIEG Bereits hier können Sie rechts nach Kaltennordheim abzweigen.

Geradeaus weiter ~ durch eine Senke ~ entlang eines Heckenstreifens.

14,4 An der Wegkreuzung haben Sie das Etappenziel erreicht.

AUSSTIEG Von hier führt rechts ein Hochrhöner-Zubringer nach Kaltennordheim.

Nach Kaltennordheim   1,4 km
Folgen Sie dem geschwungenen Wegverlauf ~ am Ende rechts auf den breiteren Weg und bis zum Ortsbeginn ~ weiter auf der Straße **Kirchtor** ins Ortszentrum und bis zur Kirche.

Kaltennordheim

PLZ: 36452; Vorwahl: 036966

- **Zum Löwen**, August-Bebel-Str. 1, ☏ 84350
- **Zum Hirsch**, Wilhelm-Külz-Platz 4, ☏ 84398
- **Zur Einkehr**, August-Bebel-Str. 24, ☏ 84214
- **Heimatmuseum** im Schloss, Schlosshof 4, ☏ 84623. Das Museum gibt Auskunft über das bürgerlich-bäuerliche Leben um die Jahrhundertwende.

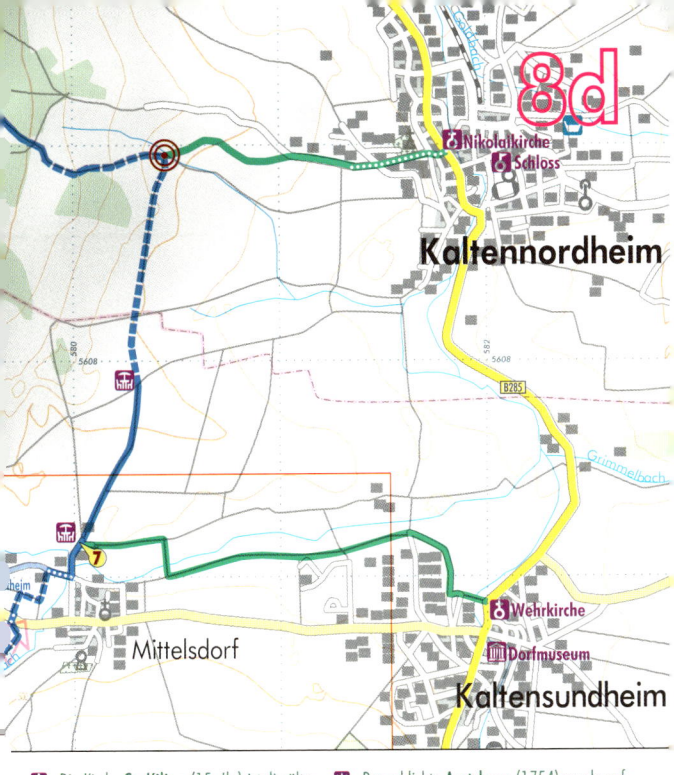

- 🜚 Die Kirche **St. Kilian** (15. Jh.) ist die älteste der Stadt und die älteste noch erhaltene Steinkirche im Feldatal.
- 🜚 **Nikolaikirche** (1867), nach einem Brand 1858, der weite Teile der Stadt zerstört hat, im neugotischen Stil wiedererbaut.
- 🜚 **Schloss** (1754). Für dessen Neubau wurden die Steine der alten Wasserburg Meerlinse (14. Jh.), auch Merlinsburg genannt, verwendet. Von der mittelalterlichen Burg sind nur noch Reste der Ringmauer und Teile des Haupt- und Torturms erhalten.
- ✲ Das schlichte **Amtshaus** (1754) wurde auf der Mauer der alten Hennebergischen Merlinsburg gebaut.
- ✲ Die **Keltischen Fliehburgen** sind Wallanlagen, die nicht dauerhaft bewohnt wurden und der Bevölkerung im Fall eines Angriffs Schutz boten.
- ✲ Der berühmte **Heiratsmarkt**, einst ein Bauernmarkt, findet seit 1563 jeweils zu Pfingsten statt und ist heute ein bekanntes Volksfest.

Die Rhön: Landformung im Eiszeitalter

Im Eiszeitalter wechselten Kalt- und Warmzeiten miteinander ab. Während der Kaltzeiten erfolgten Eisvorstöße von Norden und Süden. Dazwischen befand sich ein eisfreies Gebiet, zu dem auch die Rhön gehörte. In diesem herrschten Klimabedingungen wie in der heutigen Tundra. Durch starke Temperaturunterschiede zerfielen auch der Phonolith und der Basalt in einzelne Blöcke, die an steileren Hängen Blockmeere bildeten, die im Buch bereits mehrfach erwähnt wurden. Durch häufiges Gefrieren und Wiederauftauen des Bodens kam es auch im flacheren Gelände zu einer Bewegung und Verbreitung der Blöcke, dem sog. Solifluktionsblockstreu. In der NS-Zeit wurde der Reichsarbeitsdienst beauftragt, die Blöcke aus den Wiesen zu entfernen, um die landwirtschaftlichen Möglichkeiten in der Rhön zu verbessern. Dieses Vorhaben ist letztlich nicht gelungen, sodass nur noch Wälle aus Lesesteinen wie z. B. bei Birx daran erinnern. Verstreute Blöcke findet man z. B. beim Abstieg nach Birx und im Bereich des Ellenbogens.

Steinwall am Wegrand

Das deutsche Sibirien

Sind Ihnen schon die vielen Orte mit „kalten" Namen aufgefallen? Die etwa 550 Meter hoch gelegene Gegend um Kaltensundheim, Kaltenlengsfeld, Kaltennordheim und Kaltenwestheim am Nordostrand der Rhön wird wegen ihres rauen Klimas auch „Das deutsche Sibirien" genannt. Der Etappenort Kaltensundheim besitzt auf einem Muschelkalkfelsen an der Stelle einer einstigen Burg eine spätgotische Kirchenburg, von der die Ringmauer, das Torhaus und die Stallungen erhalten sind. Von den ehemaligen vier Wehrtürmen soll einer nach den alten Vorlagen wiederhergestellt werden. In der Ortschaft befinden sich Fachwerkhäuser aus dem 17. und 18. Jahrhundert.

Kirchburg Kaltensundheim

Etappe 9   20,2 km
Von Kaltennordheim nach Dermbach (Ostvariante Lange Rhön)

Start: Abzweig Kaltennordheim
Ziel: Abzweig Dermbach
Gehzeit: 6¼ Std.   *Aufstieg:* 585 m   *Abstieg:* 658 m
Hartbelag: 14 %   *Wanderwege:* 57 %   *Wanderpfade:* 29 %

Hoch über dem Feldatal

Die Wanderung verläuft aussichtsreich hoch über dem Feldatal. Zunächst wird bei Kaltennordheim ein Höhenzug erklommen, danach geht es sehr abwechslungsreich durch Wäldchen, an deren Rändern entlang und im Bereich hoch gelegener Wiesen. Von den hervorragenden Aussichtspunkten dieser Etappe empfiehlt sich besonders jener bei der Hexenlinde, da er den Blick zur weit zurück liegenden Wasserkuppe bietet, zudem rankt sich um diesen Ort eine Sage. Nach Umwanderung des Horbels geht es auf einem Plattenweg hinab zum schönen Rastplatz, wo sich West- und Ostroute des Hochrhöners wieder vereinigen. Hinter Andenhausen umrundet die Route den Katzenstein, hier ist ein Ausstieg aus dem Hochrhöner möglich. Schließlich erwartet Sie mit dem Gläserberg und der Dermbacher Hütte noch einer der schönsten Orte am Hochrhöner.

Auf dem Gläserberg

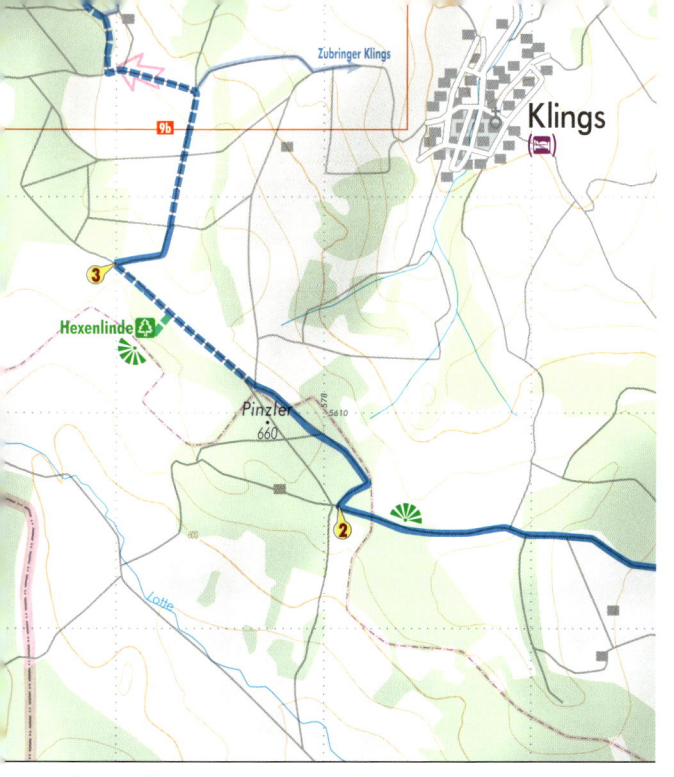

Kaltennordheim

Gehen Sie auf dem Hochrhöner-Zubringer von der Kirche in die Straße **Kirchtor**, die Sie direkt aus dem Ort bringt ✈ ～ kurz nach dem Gewerbegebiet an der Gabelung links in den etwas schmaleren Weg abzweigen, der Sie zurück zur Hauptroute bringt ～ geradeaus weiter auf dem Hochrhöner.

1 **0,0** Von Mittelsdorf kommend gehen Sie beim Abzweig nach Kaltennordheim links zwischen Hecken und Bäumen aufwärts ～ nach einem Wäldchen wird das Gelände flacher, nun auf einem Pfad durch zeitweilig hohes Gras auf steinigem Boden ～ an der Straße kurz rechts, dann links auf einer Forststraße entlang des Waldrandes ～ kurz durch Wald, dann vorbei am überdachten

Rastplatz mit Aussicht nach Norden auf Zella im Feldatal, darüber Föhlritz mit dem Gläserberg, wenig später auch auf den Pleß mit seinem Turm ~ in den Wald hinein.

Botanik am Wegesrand

Bereits Mitte Juli blüht hier auf den Waldlichtungen das purpurrote Schmalblättrige Weidenröschen, der Traubenholunder hat dann

Aussicht am ehem. Marschlerhof

Rastplatz am zugewachsenen Grenzturm

bereits rote Früchte – ein sicheres Zeichen, dass der Zenit des Jahres überschritten ist.

2 **2,7** Biegen Sie im Wald rechts ab, kurz darauf wieder links und weiter durch den Wald vorbei am **Pinzler** wieder entlang des Waldrandes zu einem Abzweig.

> **AUSFLUG** Eine Abzweigung führt links zur Hexenlinde mit überdachtem Rastplatz und noch etwas weiter zu einem Aussichtspunkt.

△ **Hexenlinde**, einziger Laubbaum in einem reinen Nadelwald. Der Sage nach stand hier einst ein Dorf.

Folgen Sie weiter dem Waldrand.

3 **4,8** Nach einem weiteren **Aussichtspunkt** am Ende des Weges rechts auf den Schotterweg, wenig später wieder links und hinab über die Wiesen vor dem Rechtsbogen am beginnenden Wald links Richtung Andenhausen.

> **AUSFLUG** Geradeaus führt ein Hochhöner-Zubringer in den Ort Klings.

Sie erreichen den Waldrand und nach zweimaliger Querung eines Weidezauns den Wald vorbei an einem Abzweig nach Empfertshausen am Hang des **Horbels** entlang, stellenweise mit Ausblicken ins Feldatal weiter bis zum Rastplatz.

> **AUSFLUG** Gehen Sie hier nach rechts, bringt Sie ein weiterer Zubringer nach Empfertshausen.

4 **7,3** Beim **Rastplatz** links und weiter bergauf nach gut

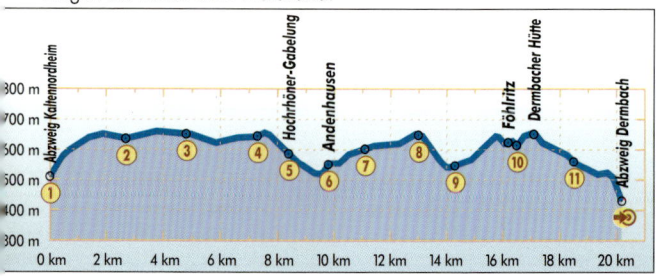

400 m rechts auf den Plattenweg ~ an der ehemaligen innerdeutschen Grenze beim **Rastplatz am Wachturm** vorbei links ~ an der T-Kreuzung rechts ~ kurz darauf kommen Sie zu einem weiteren **Rastplatz**

> **TIPP** An dieser Stelle treffen die Hochrhöner-Varianten Kuppenrhön und Lange Rhön wieder zusammen und verlaufen, nun wieder als Hochrhöner, bis Bad Salzungen.

5 8,4 ⚠ Am **Rastplatz**, wo von vorn die **Westroute des Hochrhöners** einmündet, rechts ab und durch einen wasserreichen Talgrund mit Streuobstwiesen auf grasigem Weg abwärts nach Andenhausen ~ am Ortsrand rechts, kurz danach links und aufwärts, über die **Tanner Straße** und auf der Straße **Kirchberg** aufsteigend an der **Kirche** vorbei.

Andenhausen

🕽 Kirche (1757) mit Fachwerk und schieferverkleidetem Turm

6 9,8 An der T-Kreuzung rechts in die Straße **Berggarten** und zur **Umgehungsstraße** ~ auf dieser nur wenige Meter nach rechts, dann links ab und den Pfad hinauf zur Straße, die zum Hotel Katzenstein führt ~ vorbei an **Tierskulpturen**.

🏨 Katzenstein, Katzenstein 1, ☎ 036964/990. Auf der Terrasse des Hotels mit ihrer sehr guten Aussicht nach Norden gibt es ein allgemein zugängliches Fernrohr.

> **TIPP** Etwas abseits des Hochrhöners oberhalb des Hotels befindet sich der Katzenstein. Dieser ist gegenwärtig nur über den Hotelbereich nach Rückfrage im Hotel zugänglich.

> **AUSSTIEG** Vom Parkplatz des Hotels lässt sich nach 2,5 km die Bushaltestelle in Zella erreichen. Folgen Sie zunächst dem Wegweiser Brunnhartshausen/Zella, gehen an der ersten Weggabelung geradeaus und an der zweiten links nach Brunnhartshausen, dann rechts auf der Garten- bzw. Dorfstraße nach Zella und auf der Goethestraße zur Bushaltestelle.

⚠ Katzenstein, Fels aus Basaltsäulen. Mit Gipfelkreuz und herrlicher Aussicht.

7 11,1 Nach ca. 200 m zweigt der Hochrhöner halbrechts ab ~ nun ein längeres Stück auf schmalem Pfad über eine Weide, markiert durch Pfosten ~ dann wandern

Rasthütte bei Föhlritz

Föhlritz

Sie kurzzeitig auf der Landstraße rechts weiter ~ in der Linkskurve beim Kreuz und dem **Rastplatz** rechts ab und auf einem Feldweg zum Waldrand, wo sich ebenfalls ein **Rastplatz** befindet.

8 **13,0** Vom Rastplatz führt ein Pfad am Saum des Waldes abwärts zu einem breiten Weg, von dem man bereits den Gläserberg sieht ~ der Weg endet an der **Landstraße** von Zella nach Steinberg, wo Sie links abbiegen.

9 **14,3** Nach 300 m rechts und zunächst entlang naturnaher Bachläufe ~ folgen Sie auch auf der Straße dem weiten Rechtsbogen bis zum Sattel zwischen Waltersberg und Gläserberg ~ kurz vor dem Wald der Linkskurve folgen, dann geradeaus vorbei oberhalb der Aussichtshütte ~ weiter am Hang entlang oberhalb von Föhlritz.

Föhlritz
PLZ: 36452; Vorwahl: 036964

Zum Hobbywirt, Föhlritz 23, ✆ 93143

10 **16,5** Schließlich führt ein Weg nach links auf den Höhenrücken und rechts weiter zum Gipfel des Gläserberges mit der Dermbacher Hütte und großartiger Aussicht.

Ausblick von der Dermbacher Hütte

9b

Steinberg
Dermbacher Hütte
Glaserberg
Waltersberge 675
Föhlritz
Brunnhartshausen
Katzenstein
Andenhausen
Zella
Empfertshausen
Zubringer Empfertshausen
Zubringer Empfertshausen
Horbel 665
Tanner Str.
Schmelzbach
Klings
113

Gläserberg (670 m)

🅿 **Dermbacher Hütte**, betrieben vom Rhönklub, ✆ 036964/8760 Bewirtschaftung nur So/Fei 10-17 Uhr, nicht Neujahr, Pfingstmontag und 1. Weihnachtsfeiertag. Sie ist mit ihrer berauschenden Aussicht einer der schönsten Plätze der ganzen Rhön.

In der Aussicht vom Gläserberg sind besonders auffällig das Werratal, der Pleß mit dem Turm und der Kamm des Thüringer Waldes mit seinen höchsten Erhebungen.

Auf einem Pfad steigen Sie über Wiesen und im Wald mit mehreren Kehren ab zu einem breiten Weg, wo Sie links gehen.

Geologie am Wegesrand

Hier entdeckte der Geologe Bücking 1915 in einem Wasseranriss im Muschelkalk Basalteinschlüsse der Gläserbergintrusion. Da Basaltschmelzen Temperaturen von über 1.000 Grad aufweisen, wurde durch Hitze und hohen Druck aus Muschelkalk Marmor.

Aus dem Wald heraus ～ an der Kreuzung mündet von links ein Zubringer von Oberalba ein.

11 **18,5** Der Hochrhöner führt rechts weiter durch Wiesen, auf denen sich im Mai ein bunter Blütenteppich ausbreitet ～ Sie passieren die Abbiegung zu den sehenswerten **Dermbacher Klippen** ～ nach dem **Karl-Friedrich-Stein** folgt ein Abstieg an einem **Pavillon** vorbei mit

Dermbach

Auf dem Gläserberg

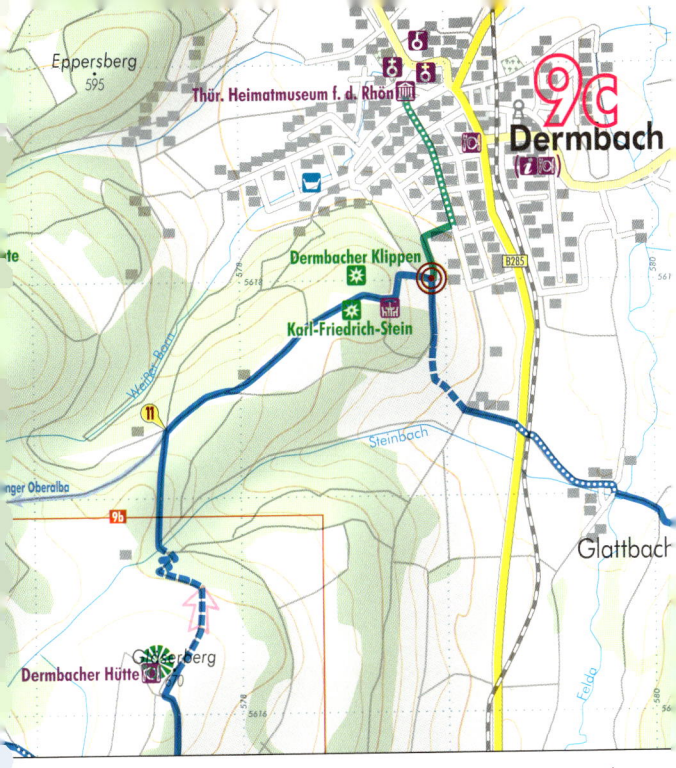

Kehren über Wiesen zu einer Weggabelung.

20,2 An dieser Stelle haben Sie das Etappenziel erreicht, der Hochrhöner führt rechts weiter in Richtung Glattbach und Bernshausen.

AUSSTIEG Ins Zentrum von Dermbach sind es von hier aus ca. 20 min.

Zugang nach Dermbach   1 km
Folgen Sie an der Weggabelung links der grünen Markierung des Zubringers ~ unten an der **Rödestraße** links.

TIPP Zum Hotel Rhönpaulus gehen Sie von der Rödestraße rechts auf der **Waldstraße** und an der B 285 links.

Zur Ortsmitte folgen Sie immer der **Rödestraße**, später **Schlossbergstraße** zum historischen Ortskern mit der Touristinfo.
Dermbach   (s. S. 86)

Etappe 10 — 11,1 km
Von Dermbach nach Bernshausen

Start: Abzweig Dermbach
Ziel: Abzweig Bernshausen
Gehzeit: 3¾ Std. **Aufstieg: 435 m** **Abstieg: 493 m**
Hartbelag: 12 % **Wanderwege: 72 %** **Wanderpfade: 16 %**

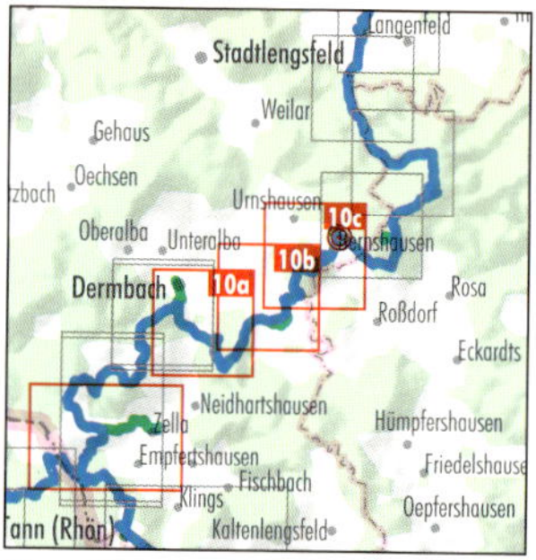

Zum Ibengarten und den Blumen auf den Trockenrasen

Während große Teile der Rhön durch vulkanische Gesteine, ihre Formen und Böden geprägt sind, stehen zwischen Dermbach und Bernshausen Buntsandstein und Muschelkalk an. Auf Letzterem befinden sich viele altgerodete, einst als Weide genutzte Flächen. Hier sind auch einzelne Bäume, oft auch Wacholdersträuche und viele teils seltene Blumen zu finden. Eine besondere Rarität auf dieser Route sind zahlreiche der heute selten gewordenen Eiben. Sie wandern jedoch auch durch wiesenreiche Täler und über dicht bewaldete Berge wie z. B. den Horn mit einem sehr guten Aussichtspunkt. Die insgesamt niedrigere Lage dieser Etappe verändert die Wanderbedingungen zu jeder Jahreszeit auffällig. In Wiesenthal besteht Einkehrmöglichkeit.

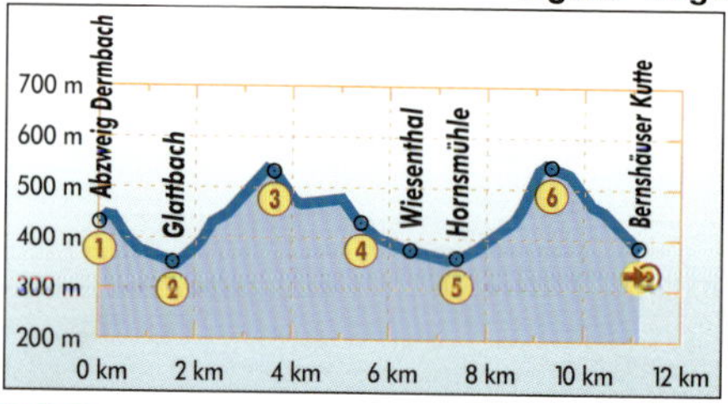

10a

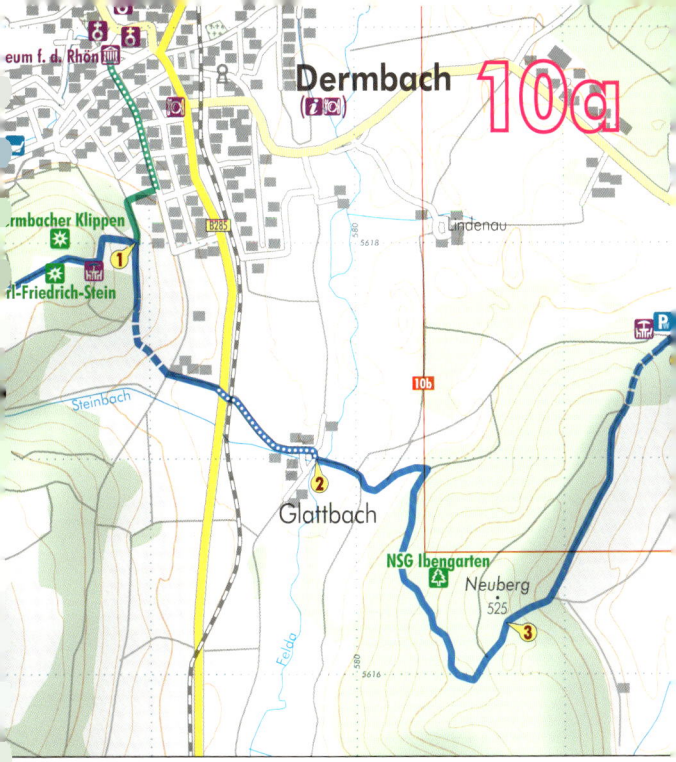

Marktplatz in Dermbach

Dermbach (s. S. 86)
Zugang zum Hochrhöner 1 km
Folgen Sie der grünen Markierung des Hochrhöner-Zubringers von der Ortsmitte zunächst auf der **Schlossbergstraße**, später der **Rödestraße** ~ am Ortsende rechts ab, dann links, an einer **Kapelle** vorbei zur Weggabelung, wo Sie den Hochrhöner erreichen.

Anschluss Hochrhöner

1 0,0 Wandern Sie ausgehend von der Weggabelung nach der Markie-

117

Feldatal mit Glattbach

rung des Hochrhöners Richtung Ibengarten ~ zunächst am Hang entlang, dann links auf dem Pfad die Wiese steil hinab ~ anschließend weiter auf dem breiten Weg an einer Deponie vorbei zur **B 285** und diese überqueren.

Geologie am Wegesrand

Die auffallend rötlichen Böden der Äcker im Feldatal sind auf die Rötschichten des Oberen Buntsandsteins zurückzuführen.

Nach Querung der **B 285** weiter auf der Straße Richtung Glattbach und hinein ins Biosphärenreservat.

Glattbach

2 1,5 Nach Querung der Brücke über die **Felda** erreichen Sie einen Wanderweg, der zum Ibengarten auf dem Neuberg führt.

Botanik am Wegesrand

Vor Erreichen des Waldes kommen Sie an einem Kalktrockenrasen mit prächtiger Flora und Fauna vorbei. Infotafeln geben eine ausführliche Erläuterung.

Sie wandern zunächst durch Buchenwald, dann folgt ein Eibenbestand, der als **Ibengarten** bezeichnet wird.

NSG Ibengarten

Das Naturschutzgebiet Ibengarten soll der älteste Eibenbestand Europas sein, die Bäume sind bis zu 600 Jahre alt. Eiben können sogar 1.000 Jahre alt werden. Die älteste Baumart Europas war früher besonders in Muschelkalkgebieten weit verbreitet. Das harte elastische Holz wurde vielseitig verwendet.

Bis auf den roten Samenmantel sind alle Teile der Eibe giftig.

Die Route führt an einer Abzweigung zur Rhönpaulushöhle vorbei zu einer Verebnung ~ der folgende Abstieg führt zu einer Weggabelung.

3 3,6 An der Gabelung rechts und weiter steil hinab ~ bis zum Waldrand und diesem folgen.

Trockenrasen

Unterhalb des Weges befindet sich Trockenrasen. Diese auch als Magerrasen bezeichnete Fläche ist ein besonders wertvolles Biotop. Das Pflanzenwachstum ist wegen des geringen Nährstoffgehalts gering, sodass vorwiegend Kräuter und Zwergsträucher neben einzelnen Bäumen

Fliegen-Ragwurz

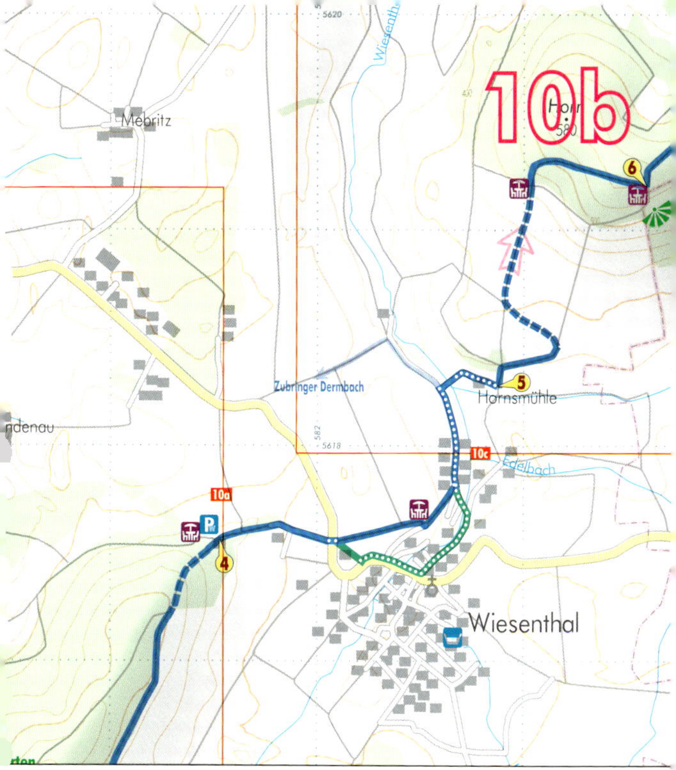

und größeren Sträuchern vorkommen. Unterschieden wird nach dem anstehenden Gestein Silikatmagerrasen und Kalkmagerrasen, nach der Bodenfeuchtigkeit lässt sich ferner in Trocken- und Halbtrockenrasen gliedern. In der Thüringischen Rhön auf Muschelkalk kommt meist Kalktrockenrasen vor. Überwiegend handelt es sich um Biotope, die durch Rodung und anschließende jahrhundertlange Beweidung geschaffen und erhalten wurden, sodass heute meistens Pflegemaßnahmen zum Erhalt notwendig sind. Die hier vorkommenden Pflanzen und Tiere gehören zu den Raritäten der heimischen Fauna und Flora, sodass im Bereich dieser Kalktrockenrasen häufig Naturschutzgebiete ausgewiesen sind. Bezüglich der vorkommenden Arten sei auf die Infotafel am Aufstieg zum Ibenwald verwiesen.

Der folgende Abstieg verläuft auf zeitweise sehr morastigem Weg.
4 5,4 Am **Wanderparkplatz** mit Sitzgruppe weiter auf dem ge-

schotterten Fahrweg ~ an der Straße vor Wiesenthal leicht links versetzt geradeaus ~ oberhalb der Ortschaft vorbei.

> **TIPP** In Wiesenthal gibt es Einkehr und Einkaufsmöglichkeit.

Variante durch Wiesenthal
Folgen Sie dem Wegweiser des Zubringers auf dem Hohlweg abwärts ~ wieder auf der Straße durch den Ort.

Wiesenthal
- Gasthof Schmalz, Schulzengasse 92, ✆ 036964/82533, ÖZ: Do-Mo
- Imbiss Weißes Ross, Dillersgasse 98, ✆ 036964/95718
- Freibad

Vor der Kirche links in die **Pfarrgasse** ~ dann nochmals links und über den Wiesenthalbach zurück zum Hochrhöner.

Weiter etwas oberhalb des **Wiesenthalbaches** ~ über den Bach und vorbei an der **Hornsmühle**.

Wiesenthal

5 7,4 Nach dieser folgt ein Linksbogen, ehe es geradeaus hinauf zum Waldrand geht ~ der weitere, teils morastige Weg im Wald verläuft zunächst in einem Rechtsbogen, dann zum Teil steil aufwärts.

6 9,3 Sie erreichen den sehr schönen **Aussichtspunkt** und **Rastplatz** unterhalb des Horns mit Blick auf die von Bergen mit Wald, Wiesen und Trockenrasen umgebenen Ortschaften Wiesenthal und Roßdorf, die sog. Wiesenthaler Schweiz ~ nach dem **Rastplatz** im Abstieg zunächst durch Wald, dann über eine Lichtung und wieder durch Wald über den Langen Rain ~ auf dem Feldweg zum **Parkplatz** und der Landstraße.

11,1 Auf der Straße erreichen Sie nach wenigen Metern den Abzweig am

Bernshäuser Kutte

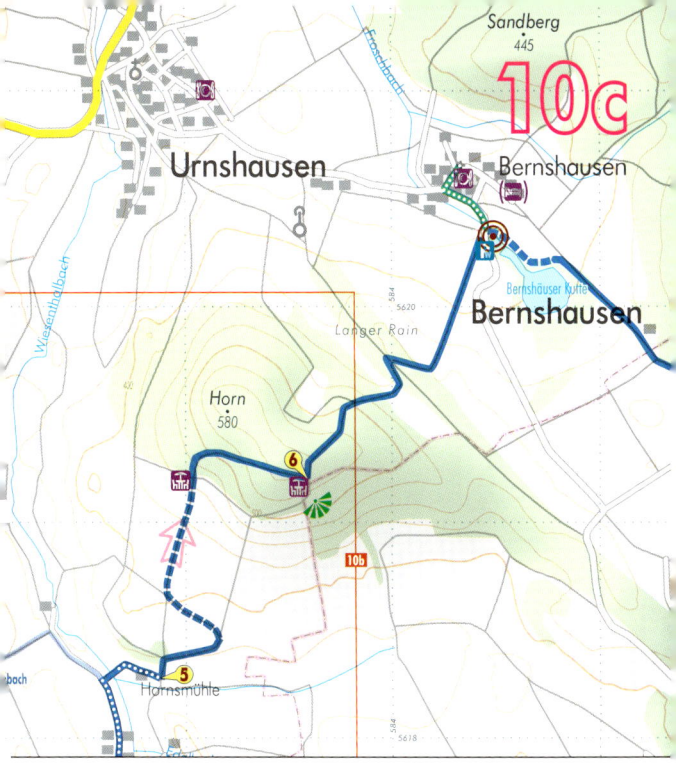

kleinen Weiher der **Bernshäuser Kutte** und das heutige Tagesziel.

Bernshäuser Kutte

Am Fuße der Stoffelskuppe liegt die Bernshäuser Kutte, mit 45 Metern der drittiefste Einsturzsee Deutschlands. Der kreisförmige Trichter inmitten des Buntsandsteingebietes entstand durch einen Erdfall nach unterirdischen Salzauslaugungen. Auch Schönsee und Roßdorfer Kutte sind so genannte Erdfallseen. Der Schönsee hat im Gegensatz zur Bernshäuser Kutte eine eigene gefasste Quelle und zeichnet sich durch gute Wasserqualität aus.

Zugang nach Bernshausen

Folgen Sie der Straße im Linksbogen in den Ort ~ rechts hoch zur **Kirche** und dem **Gasthaus**.

Bernshausen

Zur grünen Kutte, Hauptstr. 9, ✆ 036964/82346

Etappe 11 — 18,5 km
Von Bernshausen nach Bad Salzungen

Start: **Abzweig Bernshausen**
Ziel: **Bad Salzungen**
Gehzeit: **5¼ Std.** *Aufstieg:* **329 m** *Abstieg:* **451 m**
Hartbelag: **16 %** *Wanderwege:* **64 %** *Wanderpfade:* **20 %**

Über den Pleß ins Werratal

Nach dem dicht an der Route gelegenen Übernachtungsort Bernshausen erreichen Sie zunächst die Bernshäuser Kutte, ein Naturschutzgebiet mit einem See, in dem sogar gebadet werden kann. Dann verläuft der Hochrhöner längere Zeit durch ausgedehnte Wälder auf Böden, die aus Buntsandstein hervorgegangen sind und dadurch eine ganz charakteristische Flora tragen. Höhepunkt, und das nicht nur im geographischen Sinne, ist der Pleß mit Einkehrmöglichkeit und einem wirklich hervorragenden Aussichtsturm. Der breite und stärker gerodete Polsambachgrund stellt nach einer längeren Waldpassage eine angenehme Abwechslung dar. Nach Langenfeld, wo nochmals Einkehrmöglichkeit besteht, gelangen Sie auf Wanderwegen weit ins Stadtgebiet von Bad Salzungen, sodass es bis zum Bahnhof nicht mehr weit ist.

Bernshäuser Kutte

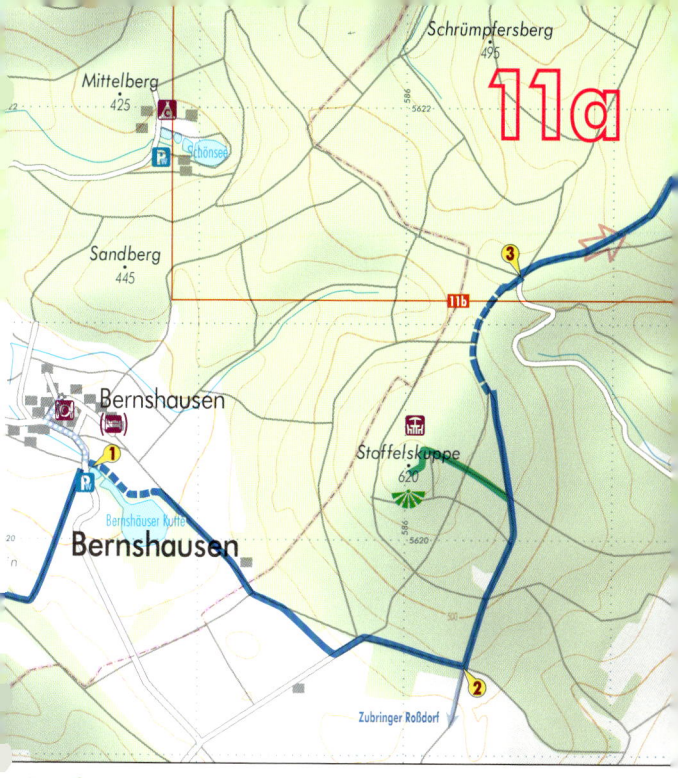

Bernshausen

Zugang zum Hochrhöner

In Bernshausen gehen Sie zurück zur Hauptstraße, dort links und aus dem Ort bis zum **Parkplatz** an der Bernshäuser Kutte.

Bernshäuser Kutte

1 ⁰'⁰ Von der Weggabelung am **Parkplatz** gehen Sie an einem Teich vorbei zur **Bernshäuser Kutte** ～ Sie wandern etwas oberhalb des Sees ～ an dem breiten Weg rechts weiter ～ nach einer Baumreihe am Wald entlang ～ teils durch Wald zu einer Wegkreuzung.

2 ²'³ Biegen Sie an der Kreuzung links ab ～ weiter auf breitem Wanderweg ～ an einer Waldwiese und an dem Abzweig zur Stoffelskuppe vorbei.

AUSFLUG Hier bietet sich ein kurzer Abstecher auf die Stoffelskuppe an.

123

Ausblick vom Pleß

Kurz darauf links in den Pfad, der etwa parallel zu dem breiten Weg verläuft.

3 **4,3** An der Wegkreuzung am **Roßdorfer Tor** weiter Richtung Pleß/Bad Salzungen, jetzt wieder auf einem breiten Waldweg ~ am Bätlersborn vorbei.

Botanik am Wegesrand

Das Vorkommen von Besenginster, Heidelbeeren und der Berg-Platterbse deutet auf saure Böden hin, die durch die Verwitterung des hier anstehenden Buntsandsteins entstanden sind.

Gehen Sie an der folgenden Weggabelung rechts, an der nächsten links auf dem Pfad in Richtung Pleß zu einem breiten Weg ~ auf diesem wieder links, und nach einer Abbiegung erreichen Sie das Plateau am Gipfel mit der Wanderhütte und dem Aussichtsturm.

Pleß (645 m)

Wanderhütte des Rhönklubs, ÖZ: Sa 13-18 Uhr, So/Fei 10-18 Uhr, Okt.-März jeweils bis 16 Uhr, Imbissangebot

Aussichtsturm

Vom Aussichtsturm auf dem Pleß bietet sich eine umfassende Aussicht, die auf vier Panoramatafeln dargestellt ist. Bei geeignetem Wetter lassen sich in der Ferne z. B. der Thüringer Wald, die Wasserkuppe und das Hessische Kegelspiel erkennen, in der näheren Umgebung

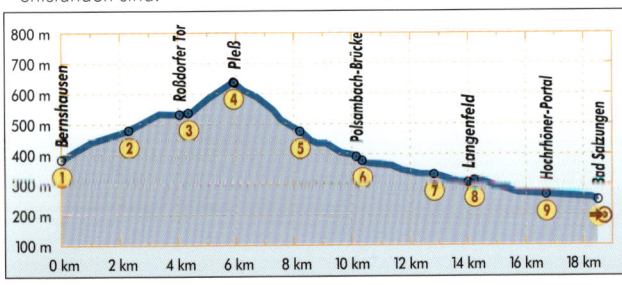

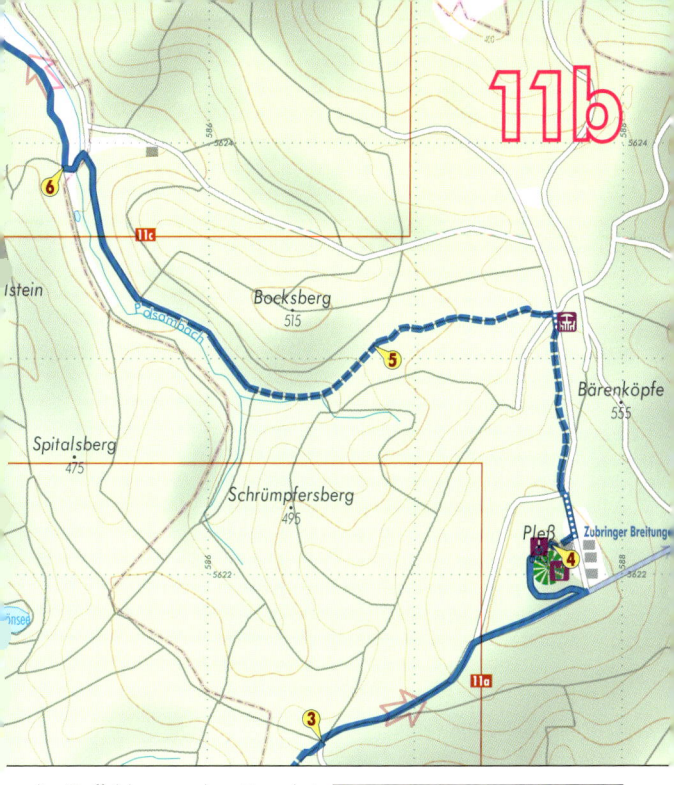

die Stoffelskuppe, das Horn bei Dermbach und den Hochrhöner-Zielort Bad Salzungen im Werratal.

4 **5,9** Der Abstieg erfolgt wahlweise auf einem steilen Pfad zur Straße unterhalb des Gipfels oder bequemer auf einem Treppenweg ~ in beiden Fällen unten an der Straße links ~ von der Straße zweigt links wieder ein Pfad ab, der etwas neben der Straße verläuft.

Auf dem Pleß

Botanik am Wegesrand

Hier können Sie auf den seltenen Siebenstern treffen, der auf sauren Böden vorkommt. Der Siebenstern hat quirlig stehende Blätter, lang gestielte Blüten mit meist sieben weißen Blütenblättern. Die zu den Schlüsselblumengewächsen gehörende Art ist vor allem in den Mittelgebirgen und im Norden Deutschlands sowie Europas verbreitet.

Burgsee in Bad Salzungen

Am Ende des Pfades kurz auf der Straße, dann weiter auf einem Pfad ~ über eine Waldwiese und weiter hinab.

5 8,2 An einer Weggabelung wandern Sie geradeaus, dann rechts eines Baches entlang ~ auf einer Lichtung erreichen Sie einen breiten Weg und gehen rechts weiter durch den **Schmalen Grund** ~ einige Kilometer durch den **Polsambachgrund**, wo der Weg den Bach kreuzt.

6 10,3 Über den Bach und diesem folgend länger am Saum des Waldes entlang ~ vor dem Waldrand rechts auf einem Pfad weiter zum **Wanderparkplatz** und über einen Fahrweg ~ dem Waldrand folgen.

7 12,8 Hinter einer Rechtskurve links und vorbei an Gärten hinab nach Langenfeld.

Langenfeld

Gasthaus Adam, Kirchg. 2, ✆ 03695/924094
Nach einer Brücke kommen Sie am

Europäischer Siebenstern

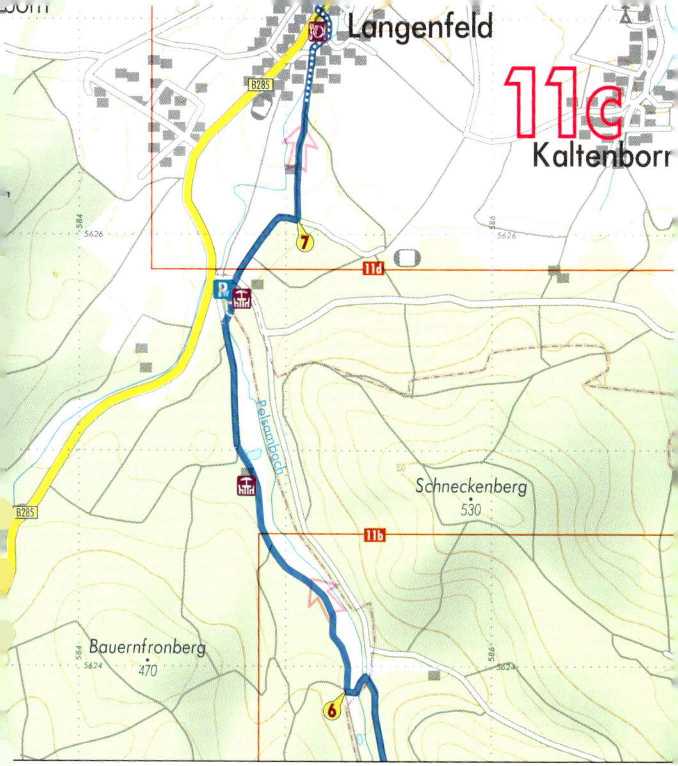

Gasthaus Adam vorbei ~ nach einer Wegkreuzung zur **B 285**, dort etwa 100 m nach rechts, dann links die Straße **Höhbaum** hinauf und über die Hohleborner Straße hinweg.

8 14,2 Kurz darauf biegt der Hochrhöner rechts ab in den **Leimbacher Weg** ~ nach 250 m links abwärts ins Tal ~ wenig später wieder rechts und an Ginstersträuchern vorbei hinab zur Umgehungsstraße B 62 am Stadtrand von Bad Salzungen ~ durch die Unterführung ~ weiter unterhalb des Klinikums und durch eine **Kleingartenanlage**.

9 16,7 Nach zwei Weihern gehen Sie rechts aufwärts zur **Bushaltestelle Gymnasium**.

> **TIPP** Hier endet die Markierung des Hochrhöners, das nördliche Portal des Weitwanderweges ist erreicht.

Weiter mit der **grünen Markierung** des Hochrhöner-Zubringers auf der Straße **Mittlere Beete**, später **Willi-Steitz-Straße** ↝ links der **Rhönstraße** folgen, die **Leimbacher Straße** überqueren und bald rechts in die **Karl-Liebknecht-Straße** ↝ bei der zweiten Möglichkeit links vor zum **Bahnhof**.

Bad Salzungen

🔴 **18,5** Am Bahnhof erreichen Sie das Ziel Ihrer Wanderung auf dem Hochrhöner.

VARIANTE Wollen Sie die fehlende Variante des Hochrhöners noch nachholen, können Sie mit der Bahn über Fulda nach Gersfeld fahren und dort dem Zubringer zum Roten Moor folgen, wo Sie die Hochrhöner-Gabelung erreichen (s. S. 50).

Bad Salzungen **(s. S. 130)**

Es freut uns ganz besonders, dass Sie für Ihre Wanderung auf dem Hochrhöner unseren Wanderführer als Ihren Begleiter gewählt haben. Wir hoffen, dass Sie damit zufrieden waren und in Zukunft wieder einmal auf ein Buch aus unserer Serie zurückgreifen. Das hikeline-Team wünscht eine gute Heimreise!

Bad Salzungen

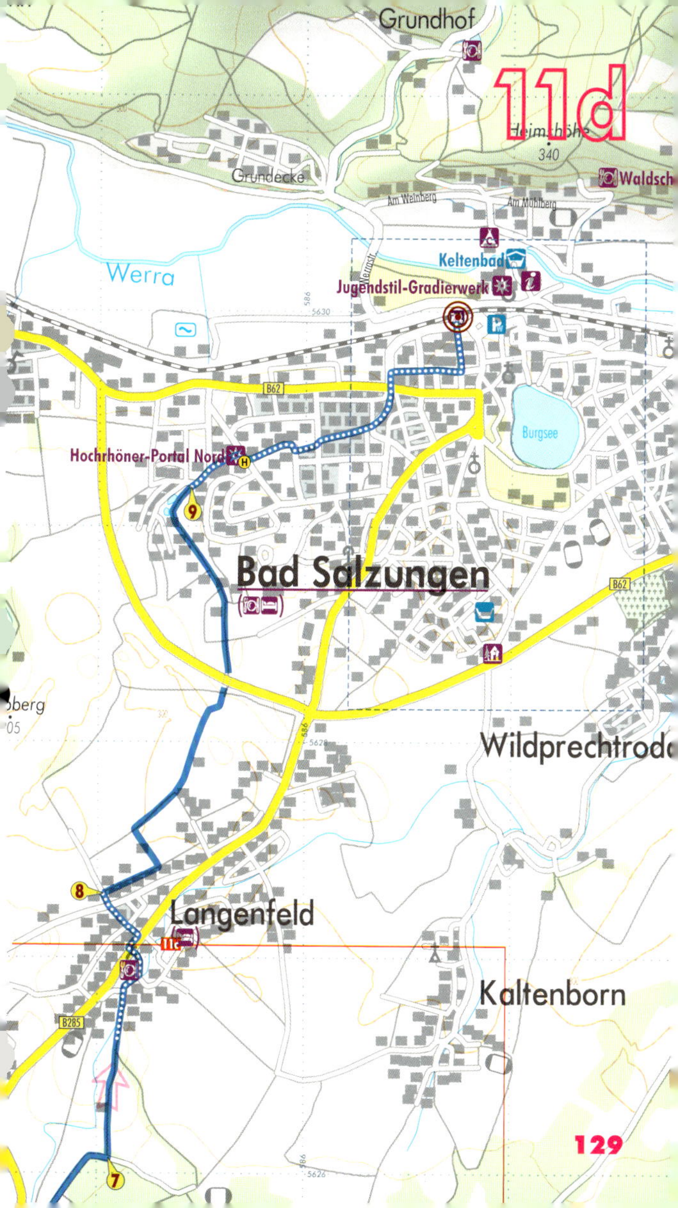

11d

Grundhof
Grundecke
Waldsch...
Werra
Am Weinberg
Am Mühlberg
Keltenbad
Jugendstil-Gradierwerk
Burgsee
Hochrhöner-Portal Nord
Bad Salzungen
Wildprechtrod...
berg
Langenfeld
Kaltenborn

129

Ortsinformationen
Bad Salzungen

PLZ: 36433; Vorwahl: 03695

- **Tourist-Information**, Am Flößrasen 1, ✆ 693420
- **Stadtmuseum „Türmchen"**, August-Bebel-Str. 69, ✆ 606249. Das Heimatmuseum in dem ehemaligen Schäferhaus, das später den Turm und die Uhr erhielt, informiert über die mehr als 1.200-jährige Geschichte von Bad Salzungen. Wechselnde Sonderausstellungen.
- **Jugendstil-Gradierwerk**, Sole-Heilbad-Kurverwaltungs mbH, An den Gradierhäusern, ✆ 693425, ÖZ: Mai-Sept., 8-19 Uhr und Okt.-April, 8-17 Uhr. Das Gradierwerk als architektonisches Kleinod bietet auch zahlreiche Inhalationsmöglichkeiten unter Verwendung der Bad Salzunger Sole, einem anerkannten natürlichen Heilmittel.
- **Rathaus** (1790) am Markt, im Barockstil erbaut
- **Haunscher Hof** (17. Jh.) im Stil der Renaissance
- **Mohrenapotheke** mit schönem Fachwerkerker
- **Keltenbad**, Sole-Heilbad Kurverwaltung-GmbH, An den Gradierhäusern, ✆ 693425, ÖZ Bad: tägl. 10-22 Uhr, ÖZ Sauna: Mo-Fr 13-22 Uhr, Sa, So 10-22 Uhr. Solebewegungsbad, Keltensauna, Gradierwerk, Therapie- und Fitnesszentrum laden dazu ein, sich etwas Gutes zu tun.

Zwischen den Südwesthängen des Thüringer Waldes und der kuppenreichen Rhön liegt, eingebettet ins liebliche Werratal, die Kur- und Kreisstadt Bad Salzungen. Bereits im 14. Jahrhundert wurde hier Salz gewonnen. Ab 1923 durfte die Stadt den Zusatz „Bad" führen. Im Jahr 2000 eröffnete hier das erste deutsche Keltenbad, 2009 wurde Bad Salzungen staatlich anerkanntes Sole-Heilbad. Das aus drei Rundbauten bestehende Ensemble schließt sich harmonisch an das Gradierwerk an. Das Keltenbad besitzt die stärkste Solequelle Deutschlands mit einem Salzgehalt von etwa 27 Prozent. Im Gradiergarten bei der Keltentherme befinden sich zwei Gradierbauten im Fachwerkstil, an denen früher Salz gewonnen wurde, indem man die Sole über Reisig tropfen ließ. Durch die hohe Oberfläche wurde die Verdunstung gefördert und Salz abgeschieden.

Hier bietet sich ein umfassendes Angebot an Kur-, Wellness- und Beautyprogrammen. Der Burgsee und seine nähere Umgebung bieten einen stadtnahen Erholungsbereich.

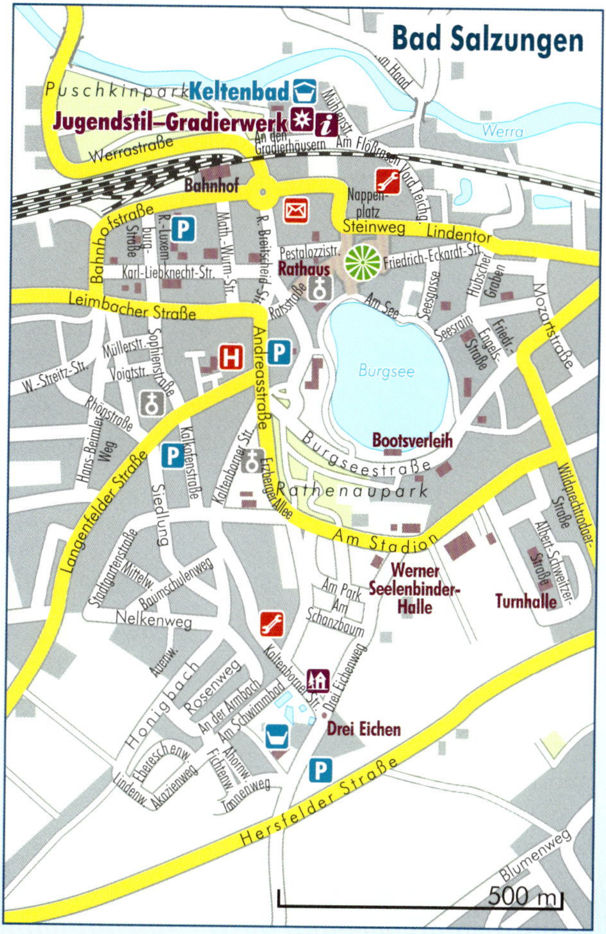
Bad Salzungen
Werra
Puschkinpark
Keltenbad
Jugendstil-Gradierwerk
Mühlenstr.
An den Gradierhäusern
Am Floßrasen
Werrastraße
Bahnhof
Vord. Teichg.
Nappenplatz
Steinweg
Lindentor
Bahnhofstraße
R.-Luxemburg-Straße
Math.-Wurm-Str.
R.-Breitscheid-Str.
Pestalozzistr.
Rathaus
Friedrich-Eckardt-Str.
Karl-Liebknecht-Str.
Seesgasse
Hübscher Graben
Mozartstraße
Leimbacher Straße
Ratsstraße
Am See
Seesrain
Engels-Straße
Friedr.-
Müllerstr.
Sophienstraße
Andreasstraße
Burgsee
W.-Streitz-Str.
Voigtstr.
Rhönstraße
Hans-Beimler-Weg
Langenfelder Straße
Kalkofenstraße
Kaltenborner Str.
Erzberger Allee
Bootsverleih
Burgseestraße
Rathenaupark
Siedlung
Wildprechtrodaer-Straße
Albert-Schweitzer-Straße
Am Stadion
Stadtgartenstraße
Mittelw.
Baumschulenweg
Am Park
Am Schanzbaum
Werner Seelenbinder-Halle
Turnhalle
Nelkenweg
Auenw.
Honigbach
Rosenweg
An der Armbach
Am Schwimmbad
Kaltenborner Str.
Drei Eichenweg
Drei Eichen
Ebereschenw.
Lindenw.
Akazienweg
Fichtenw.
Ahornw.
Tannenweg
Hersfelder Straße
Blumenweg
500 m

Übernachtungsverzeichnis

Übernachtungsverzeichnis

Qualitätsgastgeber Wanderbares Deutschland

Gütesiegel für wanderfreundliche Gastgeber

In den Kriterien zum „Qualitätsgastgeber Wanderbares Deutschland" spiegeln sich die Bedürfnisse und Ansprüche des Wanderers von heute wider. Der Übernachtungsbetrieb wird nach 21 Kernkriterien und 15 Wahlkriterien überprüft. Dazu gehören:

- *Lage (u. a. Anschluss Wanderwegenetz, Wanderregion)*
- *Ausstattung (u. a. Klassifizierung, Trockenraum)*
- *Service (u. a. Gepäcktransport, persönliche Atmosphäre)*
- *Wanderkompetenz (u. a. Tourentipps, Wanderberatung)*
- *Wanderinformation (u. a. Kartenmaterial, ÖPNV-Pläne)*
- *Küche (gesundes Frühstück, regionale Gerichte)*

Vor Ort untersuchen vom Deutschen Wanderverband geschulte Experten die interessierten Hotels, Pensionen und Ferienwohnungen und inzwischen auch Einkehrbetriebe auf ihre Wanderfreundlichkeit ... so wird Wanderqualität deutschlandweit transparent.

Eine Auflistung der aktuell zertifizierten Qualitätsgastgeber finden Sie unter
www.wanderbares-deutschland.de

Dieses Verzeichnis beinhaltet folgende Übernachtungskategorien:

H	Hotel
Hg	Hotel garni
Gh	Gasthof, Gasthaus
P	Pension, Gästehaus
Pz	Privatzimmer
BB	Bed and Breakfast
Fw	Ferienwohnung (Auswahl)
Bh	Bauernhof
Hh	Heuhotel
	Jugendherberge, -gästehaus
	Campingplatz
	Zeltplatz (Naturlagerplatz)

Die Auflistung erhebt keinen Anspruch auf Vollständigkeit und stellt keine Empfehlung der einzelnen Betriebe dar.

Die römische Zahl (I-VII) nach der Telefonnummer gibt die Preisgruppe des betreffenden Betriebes an.

Folgende Unterteilung liegt der Zuordnung zugrunde:

I	unter € 15,–
II	€ 15,– bis € 23,–
III	€ 23,– bis € 30,–
IV	€ 30,– bis € 35,–
V	€ 35,– bis € 50,–
VI	€ 50,– bis € 70,–
VII	über € 70,–

Die Preisgruppen beziehen sich auf den Preis pro Person in einem Doppelzimmer mit Du-

Übernachtungsverzeichnis

sche oder Bad inkl. Frühstück. Übernachtungsbetriebe mit Zimmern ohne Bad oder Dusche, aber mit Etagenbad, sind durch das Symbol ✱ nach der Preisgruppe gekennzeichnet.

Da wir das Verzeichnis stets aktuell halten möchten, sind wir für Mitteilungen bezüglich Änderungen jeder Art dankbar. Der einfache Eintrag erfolgt für die Betriebe natürlich kostenfrei.

Bad Kissingen

PLZ: 97688; Vorwahl: 0971

🛈 Kur- und Tourist-Information, am Kurgarten 1, ✆ 8048-211

H Sonnenhügel, Burgstr. 15, ✆ 83-0

H Dösch Bayerischer Hof, Maxstr. 9-11, ✆ 80450, ab V

H Altenberg Kurhotel & Sanatorium, Bismarckstr. 36, ✆ 80440, VI-VII

H Apart-Hotel Haus Hohenzollern, Kurhausstr. 29, ✆ 7190-0, III-V

H Apartment-Hotel Angela New, Rosenstr., ✆ 71770, V

H Astoria Hotel, Martin-Luther-Str. 1, ✆ 785704-0, ab V

H Allee, Kurhausstr. 17, ✆ 7261-0, ab IV

H Humboldt, Theresienstr. 24, ✆ 71310, V

Hg Körner am Park, Kurhausstr. 14, ✆ 6991880, V

H/P Nordland, Theresienstr. 4, ✆ 7112-0, V

H Sonneneck, Rosenstr. 18, ✆ 71170, V

H Weisses Haus, Kurhausstr. 11a, ✆ 7273-0, V-VI

H/P Am Balinghain, Kissinger Str. 129, ✆ 2763, IV

H/P Villa Arnold, Menzelstr. 23, ✆ 72220, V

H Kaiserhof Victoria, Am Kurgarten 5, ✆ 701-0, V-VII

H Kurhaus Thea, Theresienstr. 12, ✆ 71820, V

H Ross, Von-der Tann-Str. 4, ✆ 72170, V

H Villa Rothmund, Frühlingstr. 6, ✆ 7204-0, III-V

H „Das Kleinod", Kurhausstr. 18, ✆ 72320, V

H Romantik-Hotel, Kurhausstr. 28, ✆ 7224-0, VII

H Precise Hotel Bristol, Bismarckstr. 8-10, ✆ 8240, ab VI

H Residence von Dapper, Menzelstr. 21, ✆ 758480, VI

H Residenz am Rosengarten, Theresienstr. 8, ✆ 71260, V-VI

H Ringhotel Kissinger Hof, Bismarckstr. 16, ✆ 927-0, ab VI

H Sanatorium u. Kurhotel Lechmann, Altenbergweg 3, ✆ 917-0, VII

H Sanatorium und Hotel Frankenland, Frühlingstr. 11, ✆ 81-0, ab VI

H Seniorenresidenz Parkwohnstift, Heinrich-von-Kleist-Str. 2, ✆ 803-0, V

H Steigenberger Hotel Bad Kissingen, Am Kurgarten 3, ✆ 8041-0, VII

H VDK Kurzentrum, Marbachweg 2, ✆ 8049-0, III

H Villa Spahn, Boxbergstr. 5, ✆ 3044, IV-V

H Vital-Hotel Erika, Prinzregentenstr. 23, ✆ 7104-0, V-VI

H Westpark-Hotel, Rosenstr. 2, ✆ 7156-0, V-VI

H Wohlfühlhotel Saxonia, Bergmannstr. 5,

Übernachtungsverzeichnis

📞 72770, V
P Café-Lindesmühl, Kurhausstr. 16, 📞 6990658, IV
P Eden-Park, Theresienstr. 11a, 📞 2139
P Cramer, Kirchbergstr. 29, 📞 724510, III-V
P Christine, Kolpingstr. 27, 📞 4425, II
P Dagmar, Rosenstr. 17, 📞 99173, III
P Herbert, Maxstr. 3, 📞 2941, II-III
P Marga, Schönbornstr. 8, 📞 3326, III
P Maria Amalie, Schönbornstr. 16, 📞 2625, III
P Michaela, Schönbornstr. 15, 📞 2860, II

Saline Kissingen
PLZ: 97688; Vorwahl: 0971
Hg Hanseat, Salinenstr. 27, 📞 72500

Stralsbach
PLZ: 97705; Vorwahl: 09734
Gh Weißes Rössel, Von-Henneberg-Str. 15, 📞 201, II-III

Frauenroth
PLZ: 97705; Vorwahl: 09734
P Haus Talblick, Ziegelwiese 3, 📞 5673
Fw Zur Hutbuche, An der Klostermauer 10, 📞 5425

Premich
PLZ: 97705; Vorwahl: 09701
Gh Schöne Aussicht, Steinbergstr. 5, 📞 458

Burkardroth
PLZ: 97705; Vorwahl: 09734
P Haus Elisabeth, Obere Marktstr. 3, 📞 7712
Fw Haus Kessler, Rhönhallenstr. 35, 📞 1347

Stangenroth
PLZ: 97705; Vorwahl: 09734
Gh/Fw Gruner Kranz, Kreuzbergstr. 30, 📞 427, ab II

Fw Haupt, Lärchenweg 9, 📞 349
Fw Dettmer, Lärchenweg 3, 📞 1400, ab III

Gefäll
PLZ: 97705; Vorwahl: 09701
P Rhöner Stier, Köhlerstr. 39, 📞 907725, II
P Wirth, Köhlstr. 13a, 📞 601
Fw Paul, Langgasse 3, 📞 1455

Bad Bocklet
PLZ: 97708; Vorwahl: 09708
H Kunzmanns, An der Promenade 6, 📞 780, V
H Schäfer, Rhönstr. 15, 📞 91900, II-III
P Saaletal, Aschacher Str. 6-8, 📞 9105-0, II-III
P Gästehaus Rhönlust, Rhönstr. 9, 📞 271
P Wellness-Pension Karin, Rhönstr. 17, 📞 8200, III

Waldberg
PLZ: 97657; Vorwahl: 09701
Fw Köth, Stiergraben 15, 📞 497

Sandberg
PLZ: 97657; Vorwahl: 09701
H Berghotel Silberdistel, Blumenstr. 22, 📞 713
Gh Zum Feldberg, Neustädter Str. 7, 📞 200, IV
P Haus Fell, Kreuzbergstr. 49a, 📞 8176
Fw Sandberger Schlösschen, Hauptstr. 24, 📞 6907212
Fw Holzheimer, Kreuzbergstr. 32, 📞 1837

Langenleiten
PLZ: 97657; Vorwahl: 09701
Gh Zur Linde , Lindenstr. 77, 📞 262
P Böhnlein, Lindenstr. 5, 📞 907474, II
P Raab, Lindenstr. 5, 📞 1071

Klosterkreuzberg
PLZ: 97653; Vorwahl: 09772

Übernachtungsverzeichnis

Gh Roth, Kreuzberg 10, ✆ 1245, ab III
P Franziskaner Klosterbetriebe, Kreuzberg 2, ✆ 9124

Oberwildflecken
PLZ: 97772; Vorwahl: 09745
Fw Feriendorf Wildflecken, Wilhelmshavener Str. 9, ✆ 930814

Bischofsheim a. d. Rhön
PLZ: 97653; Vorwahl: 09772
🛈 Tourist-Information, Kirchpl. 7, ✆ 910150
Gh Dickas, Josefstr. 9, ✆ 245, ab IV
Gh „Neustädter Haus", Neustädter Haus 1, ✆ 1220, ab II
Gh Rhönlust, Schwedenstr. 2, ✆ 1239, ab III
Gh Adler, Ludwigstr. 28, ✆ 320, VI
P Haus Hannelore, Nelkenweg 4, ✆ 1237, II
P Brau-Stüble, Bahnhofstr. 2, ✆ 317
P Reitz, Ahornstr. 18, ✆ 402
P Bischofsheimer Hof, Bauersbergstr. 59a, ✆ 932275, III
Fw Staude, Lindenstr. 42, ✆ 7141
Fw Renate Hahn, Am Pfarrgrund 23, ✆ 1033
Fw Wagner-Karg, Am Pfarrgrund 17, ✆ 8955
Fw Garstka, Messmerstr. 26, ✆ 7127756
Fw Doris Rott, Ahornstr. 10, ✆ 1479, ab III

OT Rhönhäuschen
H Rhönhaus, Rhönhaus 1, ✆ 322, V

WESTVARIANTE KUPPENRHÖN

Oberweißenbrunn
PLZ: 97653; Vorwahl: 09772
Gh Mühlengrund, Mühlengrund 3+5, ✆ 445

Gh Röhnlust, Geigensteinstr. 50, ✆ 442, III
P Zum Lamm, Geigensteinstr. 26, ✆ 9303-0, ab IV

Mosbach
PLZ: 36129; Vorwahl: 06654
P Baier, Mosbach 46, ✆ 666
Fw Bohn, Mosbach 40, ✆ 8412

Gersfeld
PLZ: 36129; Vorwahl: 06654, 06656
🛈 Tourist-Information, Brückenstr. 1, ✆ 1780
H Gersfelder Hof, Auf der Wacht 14, ✆ 1890, VI
H Apart-Hotel Horizont, Henneberger Str. 2, ✆ 892-0
H Krone-Post, Marktpl. 30, ✆ 622, VI
H Peterchens Mondfahrt, Wasserkuppe 46, ✆ 381, V
H Berghotel Flieger, Wasserkuppe 48, ✆ 7007
H Sonne, Amelungstr. 1, ✆ 96270
P Jäger, Auf der Wacht 19, ✆ 230, ab III
P Rhöngeiststube , Wasserkuppe 7, ✆ 917894
Fw Landhaus Ehrengrund, Langer Berg 1, ✆ 9603-0 🌿
Fw Haus Schneewald, Obernhausen 2a, ✆ 7407

OT Sandberg
Gh Landgasthof Stefanie , Sandberg 24, ✆ 496, III
Fw Babyhof Niebling, Sandberg 29, ✆ 919035
Fw Silberdistel, Sandberg 14b, ✆ 7713

OT Obernhausen
H Berghof Wasserkuppe, Obernhausen 5, ✆ 251, III

Übernachtungsverzeichnis

Gh Zur Fuldaquelle, Obernhausen 4, ✆ 7414
P Hohe Rhön, Obernhausen 25, ✆ 453
P Haus Schneewald, Obernhausen 2a, ✆ 7407

Poppenhausen (Wasserkuppe)
PLZ: 36163; Vorwahl: 06658
Hg Hof Wasserkuppe, Pferdskopfstr. 3, ✆ 981-0, ab V
Gh Zur Ebersburg, Neuwart 60, ✆ 988-0
Gh Zum Stern, Marktpl. 5, ✆ 1202, III
P Haus am Grasberg, Grasberg 6, ✆ 508 od. 1202
P Landhaus Ingeborg, Gackenhof/Rabennest 7, ✆ 1571, III
P Baier, Eubestr. 12, ✆ 308, II
P/Fw Birgit, Eubestr. 18, ✆ 1380
Fw Am Kühl, Am Kühl 1, ✆ 981-0
Fw Hof Wasserkuppe, Eubestr. 1, ✆ 981-0
Fw Rosemarie Kredig, Lange Trift 9, ✆ 1743
Fw Grösch, Neuwart 27, ✆ 591
Fw Haflinger-Ferienhof Mehler, Hugograben 2, ✆ 1253
Fw Mona, Georgstr. 8, ✆ 9177-0
Fw Maria Herrlich, Herrweg 35, ✆ 537 od. 1407

OT Abtsroda
Gh Berggasthof Zum Hirsch, Wasserkuppenstr. 18, ✆ 918893, III

OT Steinwand
H Grabenhöfchen, An der B 458, ✆ 316, IV

Hilders
PLZ: 36115; Vorwahl: 06658

OT Grabenhöfchen
Gh Enzianhütte, Weiherberg, ✆ 319

OT Eckweißbach
Gh Landhaus Willi, Von-Guttenberg-Str. 14, ✆ 06681/318

OT Findlos
P Georgshof, Waldweg 2, ✆ 06681/443

Kleinsassen
PLZ: 36145; Vorwahl: 06657
Fw Flügel, Am Krautgarten 1, ✆ 1273
Fw Menz, Am Hirtsrain 13, ✆ 6684

Oberbernhards
PLZ: 36115; Vorwahl: 06657
Jugendherberge Oberbernhards, Oberbernhards 5, ✆ 240

Milseburg
PLZ: 36115; Vorwahl: 06681
H Milseburg, Milseburg 8, ✆ 989-0, ab V

Steens
PLZ: 36145; Vorwahl: 06657
H Lothar-Mai-Haus, Lothar-Mai-Str. 1, ✆ 9608-0, ab V

Elters
PLZ: 36145; Vorwahl: 06657
Gh/P Birkenbach, Steenser Str. 16, ✆ 7006, IV

Langenbieber
PLZ: 36145; Vorwahl: 06657
Gh Zur Linde, Biebersteiner Str. 11, ✆ 9605-0, IV

Hofbieber
PLZ: 36145; Vorwahl: 06657
Tourist-Information, Schulweg 5, ✆ 987412
H Biebertal, Bahnhofstr. 16, ✆ 96020, VII
H Fohlenweide, Fohlenweide, ✆ 988-0, VI
H Sondergeld, Am Lindenpl. 4, ✆ 376, VI
Gh Kiesbergquelle, Langenbieberer Str. 3, ✆ 238

Übernachtungsverzeichnis

Fw Laibold/Evers, Am Kiesberg 10, ✆ 7464
Fw Jordan, An der Eller 60, ✆ 7191
Fw Spiegel, Im Nässenfeld 21, ✆ 33252

Nüsttal-Gotthards
PLZ: 36167; Vorwahl: 06684
P Rhönhof, Kettener Str. 2, ✆ 917444
P Haus Sauer, Rollgasse 15, ✆ 1236

OT Schwarzbach
PLZ: 36145; Vorwahl: 06684
Gh Zum Goldenen Stern, Tanner Str. 27, ✆ 244, IV
Gh Zum Schwarzen Adler, Weinstr. 4, ✆ 243, III
P Meixner, Am Sandberg 13, ✆ 840
Fw Bach, Am Sandberg 15, ✆ 867
Fw Nenzel Uwe, Rhönweg 3, ✆ 919025

Obernüst
PLZ: 36145; Vorwahl 06684
Fw Königsmühle, Königsmühle 1, ✆ 282

Tann
PLZ: 36142; Vorwahl: 06682
🛈 Tourist-Information Tann, Marktpl. 9, ✆ 96117-11/12
H Am Rathaus, Am Marktpl. 16, ✆ 9622-0, III
H Landhaus Kehl, Eisenacher Str. 15, ✆ 387, IV
Gh Zur Krone, Am Stadttor 2, ✆ 213
Gh Zur schönen Aussicht, Rhönbergstr. 17, ✆ 216, IV
P Am Felsenkeller, Am Felsenkeller 1, ✆ 8515, IV
P Das Lämmchen, Roßbergstr. 2, ✆ 466, III
P Mihm, Schilfweg 13, ✆ 1399
P An der Ulster, Wartburgstr. 11, ✆ 463
P Ditzel, Rockenstuhlstr. 12, ✆ 8178
P Habelbergblick, Wartburgstr. 3, ✆ 456, II

P Haus Reith, Schulstr. 6, ✆ 772
P Haus Waltraud, Am Kalkofen 21, ✆ 714
P Landhaus Karin, Neuer Weg 4, ✆ 8874, III

OT Dietgeshof
🏠 Dietgeshof, Dietgeshof, ✆ 1539, I

OSTVARIANTE LANGE RHÖN

Ehrenberg
PLZ: 36115; Vorwahl: 06683
H Haus zur Wasserkuppe, Schafsteiner Str. 25, ✆ 275, IV
P Lisas Welt, Tanner Str. 18, ✆ 919532, III
Fw Haus Stirnberg, Schloßstr. 2, ✆ 230

Hausen
PLZ: 97647; Vorwahl: 09779
H Rhön Park Hotel, Rother Kuppe 2, ✆ 91-0, VII 🌿

Birx
PLZ: 98634; Vorwahl: 036946
Gh Flechsenberger Hof, Seifertser Str. 18, ✆ 32110
P Pension Dreiländereck, Am Sportplatz 7, ✆ 31455 🌿
Fw Rhönstübchen, Seifertser Str. 28, ✆ 31300

Frankenheim
PLZ: 98634; Vorwahl: 036946
Pz Debertshäuser, Dr.-Wuttig-Str. 18, ✆ 32141
Pz Rauch, Dr.-Wuttig-Str. 9, ✆ 32133
Fw Seiferth, Leubacher Str. 6, ✆ 32200

Erbenhausen
PLZ: 98634; Vorwahl: 036946
H Berghotel Eisenacher Haus, Frankenheimer Str. 84, ✆ 3600, V 🌿

Oberweid
PLZ: 98634; Vorwahl: 036946

Übernachtungsverzeichnis

Gh Silberdistel, Anzenweg 4, ✆ 22124, V
P Thüringer Rhönhaus, Thüringer Rhönhausstr. 1, ✆ 32060, II

Kaltensundheim
PLZ: 98634; Vorwahl: 036946
H Zur Guten Quelle, Unter der Linde 1, ✆ 3850, III-IV
P Eddis Eiscafé, Bergstr. 11, ✆ 20712

Kaltennordheim
PLZ: 36452; Vorwahl: 036966
H Gasthaus Zum Löwen, August-Bebel-Str. 1, ✆ 84350
Gh Gasthaus Zur Einkehr, August-Bebel-Str. 24, ✆ 84214, II
Gh Landgasthof Schützenhaus, Eisenacher Str. 29, ✆ 84264

Klings
P Haus Denner, Obere Dorfstr. 16, ✆ 7441

Empfertshausen
PLZ: 36452; Vorwahl: 036964
Gh Gasthaus zum Adler, Hauptstr. 9, ✆ 93242
Gh Zur Linde, Hauptstr. 32, ✆ 93118

Andenhausen
PLZ: 36452; Vorwahl: 036964
H Hotel-Katzenstein, Katzenstein 1, ✆ 99-1, IV-V
P Texas-Klause, Tanner Str. 11, ✆ 83353, II-III
Fw Burgbauernhof Katzenstein, Wirtschaftshof 1-2, ✆ 83876

Steinberg
PLZ: 36452; Vorwahl: 036964
Pz Schuchert, Steinberg 9, ✆ 93384, I-II

Dermbach
PLZ: 36466; Vorwahl: 036964
H Zum Khönpaulus, Bahnhofstr. 21, ✆ 82234, III

Fw Blum, Heckerstieg 5, ✆ 7205

OT Föhlritz
Gh/Fw Zum Hobbywirt, Föhlritz 23, ✆ 93143

OT Unteralba
H Zum Baier, Karlstr. 4, ✆ 82406, III

Bernshausen
PLZ: 36457; Vorwahl: 036964
H Landhotel Zur Grünen Kutte, Hauptstr. 9, ✆ 82346, IV
H Stockborn-Ranch, Hauptstr. 9, ✆ 82346
Jh Jugend-Freizeithotel Rhön Feeling, Hauptstr. 29, ✆ 82523

Langenfeld
PLZ: 36433; Vorwahl: 03695
Gh Adam, Kirchg. 2, ✆ 624094
Gh Linde, Hauptstr. 253, ✆ 624194

Bad Salzungen
PLZ: 36433; Vorwahl: 03695
🛈 Tourist-Information, Am Flößrasen 1, ✆ 693420
H Hotel & Restaurant Kurhaus Am Burgsee, ✆ 652088
H Kurhaus Am Burgsee, Am See 49, ✆ 652090, IV-VI
H Haus Hufeland, Sulzberger Str. 13, ✆ 652090, III-IV
H Euro-Hotel Salzunger Hof, Bahnhofstr. 41, ✆ 6720 od. 601700, V
H Zum Lindentor, Steinweg 22, ✆ 622652 od. 604288, IV
P Haus Dittmar, Silge 22-26, ✆ 603010, II
P Morgenweck, Wuckestr. 8, ✆ 55460, III
P Stegmann, Am Flößrasen 3, ✆ 623051, III-IV
Pz Beyer, Voigtstr. 1, ✆ 602782, III
Pz Eckardt, H.-Heine-Str. 32, ✆ 623767

Übernachtungsverzeichnis

od. 603956, II

Pz Fuchs, Ratstr. 6, ✆ 623438, II (o. Frühst.)

Pz Haus Gerstung, Sophienstr. 9, ✆ 601770, I

Pz Hilmershausen, Honigbach 3, ✆ 601717, II

Pz Kaiser, August-Bebel-Str. 21, ✆ 872553 u. 600275, II

Pz Kompe, Kaltenborner Str. 64, ✆ 603121 od. 601521, II

Pz Necke, Baumschulenweg 18, ✆ 623725, II

Pz Richling, Karl-Liebknecht-Str. 3, ✆ 623078, II

Pz Rübsam, Stadtgartenstr. 2, ✆ 623349, II

Fw Gabriele, Silge 26, ✆ 603010, II (o. Frühst.)

Fw Müller, Am Mühlberg 2, ✆ 608692, II (o. Frühst.)

Fw Halber Mond, Halber Mond 20, ✆ 602200, III-IV

Fw Reit- und Bauernhof Leifer, Grundhof 4, 824177

🏠 Jugendherberge, Kaltenborner Str. 70, ✆ 622208,

Ortsindex

Seitenzahlen in *grüner Schrift* verweisen auf das Übernachtungsverzeichnis

A
Abtsroda 60, *136*
Andenhausen 82, *138*
Aschach 33

B
Bad Bocklet 36, *134*
Bad Kissingen 25, 26, *133*
Bad Salzungen 128, 130, *138*
Bernshausen 121, 123, *138*
Birx 95, 98, *137*
Bischofsheim a. d. Rhön *135*
Burkardroth *134*

D
Dermbach 86, 115, 117, *138*
Dietgeshof *137*

E
Eckweißbach *136*
Ehrenberg *137*
Elters *136*
Empfertshausen *138*
Erbenhausen *137*

F
Findlos *136*
Föhlritz 84, 112, *138*
Frankenheim 98, *137*
Frauenroth 31, *134*

G
Gefäll *134*
Gersfeld 50, *135*
Glattbach 118
Gotthards 69, 72
Grabenberg 94
Grabenhöfchen *136*

H
Haus am Roten Moor 54
Hausen *137*
Hilders *136*
Hofbieber *136*

K
Kaltennordheim 104, 108, *138*
Kaltensundheim 103, *138*
Kleinsassen *136*
Klings *138*
Klosterkreuzberg 42, *134*
Kreuzberg 44

L
Langenberg 68
Langenbieber *136*
Langenfeld 126, *138*
Langenleiten 40, *134*

M
Milseburg 64, *136*
Mosbach *135*

N
Nüsttal-Gotthards *137*

O
Oberbernhards *136*
Obernhausen *135*
Obernüst *137*
Oberweid *137*
Oberweißenbrunn 46, 49, 88, *135*
Oberwildflecken *135*

P
Pleß 124
Poppenhausen *136*
Premich 38, 40, *134*

R
Rhönhäuschen *135*

S
Saline Kissingen *134*
Sandberg 54, *134*, *135*
Schwarzbach 68, *137*
Schwarzes Moor 94
Stangenroth *134*
Steens *136*
Steinberg *138*
Steinwand *136*
Stralsbach 30, *134*

T
Tann 77, 80, *137*

U
Unteralba *138*

W
Waldberg *134*
Wasserkuppe 56
Wiesenthal 120